"쉽지만 심오한 전도법! 기독교 세계관에 입각해 아주 간단하게 냅킨에 그려 가며 전하는 거부할 수 없는 복음 전도법! 우정전도나 관계전도가 결코 맹탕이 아니라 결정적 한 방으로 이어질 수 있음을 보여 주는 전도법! 포스트모던 시대의 더욱 강력한 '신 사영리'다."

고직한 선교사, 청년목회자연합 YOUNG2080 상임대표

"이 책에서 소개하는 그림과 그 속에 담긴 이야기를 풀어가다 보면, 기독교에 대한 거부감을 걷어 내고 현대인의 뇌리에 복음을 강하게 심어 줄 수 있는 신종 무기임을 확인할 수 있다. 적대적인 현대 문화 속에서 복음 증거에 대한 자신감을 회복하고픈 청년들은 꼭 읽어 보길 바란다."

백승준 목사, 사랑의교회 대학부 팀장

"제임스 정의 '냅킨 신학'과 '냅킨 전도' 다이어그램은 복음의 열정을 가진 사람들이 활용하기 적합한 '21세기판 사영리'다."

레너드 스윗, 「귀없는 리더? 귀있는 리더」(IVP) 저자

"이 책은 우리가 전하는 메시지가 진정 기쁜 소식임을 깨닫게 해주고, 다이어그램을 통해 복음을 단순하면서도 온전하게 전달할 수 있게 돕는다."

돈 에버츠, 「이천년전 그들처럼」(IVP) 저자

"저자는 불신자, 초신자, 기존 신자 모두에게 복음의 치유하는 메시지를 새롭게 발견하도록 돕는 청사진을 제시한다."

라숭찬, 노스파크 신학교 교수

"'예수님의 선교적 공동체에 참여하라'는 초청은 이 책을 읽는 모든 이들이 거부할 수 없는 기쁜 소식이다."

테리 에릭슨, 미국 IVF 전도 디렉터

"이 책은 오늘날 기독교를 외면하는 세대에게 그리스도의 변함없는 부르심을 상기시키며 복음을 새롭게 제시하도록 돕는 전도의 필수 도구다."

켄 퐁, 로스앤젤레스 에버그린 침례교회 담임목사

"이 책은 복음이 무엇이며, 어떻게 복음을 살아내야 하는지에 관한 진지한 질문들을 간과하지 않고, 친구들과의 대화에서 흔히 오가는 여러 가지 이슈들을 붙잡고 씨름한다."

에디 깁스, 「이머징 교회」(쿰란출판사)의 저자

"이 통찰력 있는 책은 예수님이 전하신 복음에 초점을 맞춤으로써 오늘날의 복잡한 포스트모던한 이슈와 질문들을 온전히 끌어안고 실제적으로 복음을 전하는 방법을 제시한다."

피터 차, 트리니티 복음주의 신학교 목회신학 교수

"저자는 세상을 구원하고 삶을 변화시키는 복음의 온전케 하는 능력을 되찾아 준다.…오늘날 세상이 직면한 가장 심각한 문제에 답을 제시하는 소망 되신 예수님을 재발견하도록 돕는 이 책의 진솔한 여정에 당신을 초대한다."

알렌 미츠오 와카바야시, 「웰컴 투 하나님 나라」(생명의말씀사) 저자

"색다르다. 아주 간결하면서도 예수 그리스도가 근본인 복음의 큰 줄기를 놓치지 않는다. 진리와 만족, 성취를 추구하는 요즘 세대를 위한 책이다."

맨프레드 콜, Overseas Council International 부총재

"제임스 정의 매혹적인 이야기는 오늘날의 포스트모던 시대에서 추구자는 물론 기존의 그리스도인들이 씨름하는 신앙에 관한 여러 가지 문제들을 잘 풀어내고 있다."

더그 버드셀, 국제로잔위원회 총재

"이 책은 복음을 사려 깊고 성경적인 방식으로 전달하고 싶은 사람들을 위한 책이다. 세속화된 시대를 살아가는 우리를 압박하는 많은 문제를 회피하지 않고 그것들을 진지하게 생각하도록 돕는다."

샘 메트칼프, Church Resource Ministries 대표

냅킨 전도

제임스 정 지음 ★ 이지혜 옮김

Ivp

IVP(InterVarsity Press)는
캠퍼스와 세상 속의 하나님 나라 운동을 지향하는
IVF(InterVarsity Christian Fellowship)의 출판부로
생각하는 그리스도인을 위한 문서 운동을 실천합니다.

Originally published by InterVarsity Press
as *True Story* by James Choung
ⓒ 2008 by James Choung
Translated by permission of InterVarsity Press
P. O. Box 1400, Downers Grove, IL 60515, U. S. A.

Korean Edition ⓒ 2009 by Korea InterVarsity Press
156-10 Donggyo-ro, Mapo-gu, Seoul 04031, Republic of Korea

TRUE STORY

James Choung

사랑하는 아들 이사야에게,
정의를 행하고
인자를 사랑하며
겸손하게 네 하나님과
함께 행하기를 바라며.

시작하기 전에 • 11

옛날 옛적에

프롤로그 신앙의 위기 • 19

제1장 선을 위해 창조되다 • 51

제2장 죄악으로 손상되다 • 97

제3장 더 나은 모습으로 회복되다 • 147

제4장 치유를 위해 함께 보냄받다 • 191

에필로그 새로운 출발 • 227

무대 뒷이야기

큰 이야기: 왜 우리에게는 큰 이야기가 필요한가 • 239

세 가지 전환: 큰 이야기의 방향 • 245

복음은 응급조치가 아니다: 큰 이야기의 목적 • 252

리허설: 큰 이야기 설명법 • 257

큰 이야기 나누기 • 277

감사의 글 • 283

주 • 285

저자 인터뷰 • 291

시작하기 전에

대학 시절, 나는 예수님을 모르는 친구 여덟 명과 성경 공부를 시작했다. 매주 동아리방에 모여서 성경을 연구했다. 예수님이나 기독교에 대한 어떤 질문도 대환영이었다. 열정적이고 진지한 토론이 오가며 대화는 활발하게 진행되었다. 나는 중간 중간 이런 질문을 던졌다. "아주 흥미로운 이야기네. 그런데 성경은 그 문제에 대해 뭐라고 할까?" 우리는 정말로 즐거운 시간을 보냈고, 묵직한 나무 문을 늘 반쯤 열어 놓아 지나가는 친구들이 언제라도 들어올 수 있게 했다.

그런데 실제 그런 일이 일어났다. 성경 공부를 하는데, 키스라는 친구가 동아리방 바깥에 서 있는 게 보였다. 그는 벽에 기댄 채 팔짱을 끼고 우리 대화를 엿듣고 있었다. 나는 그에게 들어오라고 청했지만, 그는 극구 밖에 서 있겠다고 사양했다. 그래서 우리는 그를 밖에 세워 둔 채 성경 공부를 계속했다. 나는 우리가 죄 때문에 하나님과 멀어졌지만, 예수님이 우리 대신 죽으셨기에 우리가 천국에서 영원히 살 수 있다고 이야기해 주었다. 그런데 키스가 갑자기 끼어들더니 날카로운 목소리로 물었다. "그러면 나는 지옥에 간단 말이야?"

방 안에 있던 친구들이 모두 키스와 나를 번갈아 쳐다보았다. 나는 크게 심호흡을 한 뒤 이렇게 대답했다. "꼭 그렇지는 않아. 너도 천국에 갈 수 있는 기회가 있어. 마음속에 예수님을 영접하면 돼." 내심 이 정도면 훌륭한 대답이라고 생각했다. 하지만 그는 고개를 푹 숙인 채 눈물을 뚝뚝 흘리며 떨리는 목소리로 이렇게 물었다. "하지만 우리 부모님이 예수님을 영접하지 않으면 어떡하지?"

내가 "그분들께도 물론 기회가 있어…"라고 말하며 차근차근 설명을 하려는 찰나, 그가 톡 쏘아붙였다.

"만약 우리 부모님이 지옥에 간다면, 혼자서 천국에 가느니 차라리 그분들과 같이 지옥에 갈 거야!" 그는 뜬금없이 대화에 끼어들었던 것처럼, 또다시 획 하니 돌아서서 가 버렸다.

"이봐…."

해주고 싶은 이야기가 더 있었다. 예수님을 따르는 삶이란 누가 천국에 가고 누가 지옥에 가느냐의 문제가 아니지 않은가? '복음'(evangelism)이란 단어는 그리스어 '유앙겔리온'(euangelion)에서 나온 것으로, '기쁜 소식'이란 뜻이다. 나는 기쁜 소식을 나누고 싶었지만, 키스에게는 전혀 기쁜 소식으로 들리지 않았던 것이다. 나는 영락없이 나쁜 사람이 된 기분이었다. 그곳에 같이 있던 친구들도 내 말이 조금 심했다고 생각하는 것 같았다. 복음이 수많은 내 친구들에게는 기쁜 소식이 아닐 수도 있다는 생각에 한없이 마음이 무거웠다.

복음을 전할 때 비현실적이면서 무례하고 배타적이며 옹졸하게 보일까 봐 걱정하는 사람이 많다. 요즘 같은 세상에 옹졸하게 보이고 싶은 사람이 어디 있겠는가. 전도하는 것이 마치 수치심과 거부감의 총알 세례를 맨몸으로 막아 내는 듯한 기분이 들 수도 있다. 수치심과 거부감은 평범한 일상에서 경험하는 것만으로도 충분하다. 굳이 매를 벌 이유가 무엇인가? 동기 부여가 전혀 되지 않는다. 비난과 조롱받을 짓을 무엇 때문에 하겠는가? 친구들과 사이좋게 지내고 싶지 괜히 껄끄러워질 이유가 없다. 우리가 나눌 이야기가 진정 기쁜 소식 같지 않다. 적어도 그 친구들에게는 말이다. 하지만 이런 생각을 하니, 오히려 예수님이 말씀하신 본연의 가르침을 들려준다면 어떤 일이 벌어질지 궁금하다. 예수님이 처음 가르치셨을 때 복음은 분명 기쁜 소식이었기 때문이다.

적당히 타협해서 남들이 듣고 싶어하는 메시지만 들려주고 싶은 생각은 없다. 오히려 정말로 예수님이 가르치셨던 내용을 나누고 싶다. 도대체 예수님이 가르치신 내용은 정확히 무엇이란 말인가? 그분의 핵심 메시지는 무엇인가? 그 내용을 친구들에게 전해 주어야 하지 않을까? 전도하면서 죽음 이후에 얻을 영생만 강조한다면, 우리는 복음의 독특한 특징을 놓치고 있는 것이다. 깨어진 관계와 사회적 불의를 외면한 신앙을 전한다면, 우리는 복음에 몹쓸 짓을 하는 것인지도 모른다. 예수님의 메시지는 사람들이 아는 것보다 훨씬 더 크고 깊이가 있으며, 그분이 이 땅에서 전파하신 본연의 가르침을 나누는 일은 우리가 마땅히 해야 할 일이다.

복음 전도에 관한 책은 넘쳐난다. 마음과 목숨과 뜻과 힘을 다하여 하나님과 이웃을 사랑해야 함을 강조하거나 복음 전도와 삶의 연관성을 다룬 책이 있는가 하면, 섬기는 전도(servant evangelism)나 귀납적 성경 연구 등 신앙을 전하는 실제적인 전략을 가르쳐 주는 책도 있다. 모두 훌륭하고 필요한 책들이다. 나는 그와 비슷한 책을 한 권 더 보태려고 종이나 잉크를 낭비하고 싶지는 않다.

나는 이 책에서 복음의 핵심 메시지를 제시하고, 사람들에게 복음을 전달하는 방법을 이야기하고 싶다. 사실 예수님의 메시지를 다룬 책도 많이 나와 있다. 달라스 윌라드(Dallas Willard), 톰 라이트(N. T. Wright), 브라이언 맥클라렌(Brian McLaren)의 책이 입문서로 좋지만, 하나같이 분량이 꽤나 되는 책이다. 신앙 문제에 관심 있는 친구들에게 책을 소개해 줄 기회도 있을 것이다. 하지만 신앙의 핵심 메시지를 소개해 달라는 요청을 받으면 어떻게 할 것인가? 때로는 "이 책을 읽어 봐"라고 대답해 주는 것이 핑계처럼 들릴 수 있다. 당신의 모습에서 예수님을 발견한 친구들은 당신에게서 직접 이야기를 듣고 싶어 할지도 모른다.

물론 당신 손안에 있는 이 책도 분량이 적지는 않다. 하지만 이 책의 목적은 '큰 이야기'(the Big Story)라는 복음 제시법을 보여 주는 것이다. "모든 것은 더 이상 단순화할 수 없을 때까지 단순화해야 한다"라는 아인슈타인의 말처럼, 이 이야기는 예수님이 가르치신 복음을 그대로 담아내면서도 다른 사람과 쉽게 나눌 수 있도록 복음을 제시하는 방법이다. 물론 다이어그램이 이 세상을 구원할 수 있다거나 복음을 나누는 최상의 방법이라고 생각하지 않는다. 하지만 다이어그램은 강력하면서도 쉽게 외울 수 있어서, 신앙의 핵심을 추려 내는 데 지대한 영향을 미친다. 그런데 과거의 다양한 복음 제시법들은 온전한 복음을 전하는 데 한계가 있었던 것 같다.

이 책은 복음을 둘러싼 질문과 고민, 기쁨과 희망을 표현해 주는 가상의 이야기로 시작한다. 이야기를 통해 복음을 소개하면, 단순히 지적 유희에 그치지 않고 우리가 가진 진리를 현실적인 맥락에 놓고 직접 그 현장을 거닐며 탐색해 볼 수 있다. 이야기는 인간의 머리에만 작용하지 않고, 마음의 가시철조망을 뚫고 들어와 우리를 설득한다. 우리는 이야기 속 등장인물과 사건에 몰입해서 이야기가 우리 자신에 대해 밝혀 주는 내용을 깨달을 수 있다. 예수님이 왜 비유로 가르치셨는지 이해되는 대목이다.

책의 후반부에는, 다이어그램의 설명법과 적용법을 자세히 소개해 준다. 이것들을 통해, 우리가 사소한 신학적인 문제에 대해서는 의견을 달리할지라도, 우리 개인의 변화와 공동체의 필요성, 이웃을 사랑하라는 부르심을 통합하는 복음의 필요성에는 다 같이 동의하기를 바란다. 우리에게는 하나님 나라를 온전히 드러내는 복음이 필요하다. 우리가 친구들에게 이야기해 주는 내용이 바로 우리가 기독교의 핵심 메시지라고 믿는 것이기 때문이다.

베드로는 "너희 속에 있는 소망에 관한 이유를 묻는 자에게는 대답할 것을 항상 준비하되"(벧전 3:15)라고 말했다. 그런 기회가 왔을 때, 이 책이 당신에게 우리 안에 있는 소망, 즉 한번 믿어 볼 만한 기독교라는 소망을 나눌 수 있는 간단한 도구가 되어 주기를 간절히 바란다.

옛날 옛적에

귀하고 유익한 것을 원하나요?
우화 속에서 진리를 발견하고 싶은가요?

존 번연(John Bunyan), 「천로역정」(*The Pilgrim's Progress*)

a true story on a napkin

한숨

차를 몰고 집으로 돌아오는 길. 차창 밖으로 빗물이 흩뿌리기 시작했다. 힘든 하루였다. 갈렙은 생각에 집중하려고 오디오를 껐다. 그러자 빗소리가 차 지붕을 부드럽게 때리는 소리, 와이퍼가 왔다 갔다 하며 내는 저음의 리듬, 가끔씩 젖은 아스팔트와 타이어가 마찰하며 내는 소리가 더 또렷하게 들렸다.

왜소한 체구에서 긴 한숨이 흘러나왔다. 그는 이제 겨우 워싱턴대학교 2학년생이다. 그런데 그의 인생은 완전히 끝난 것만 같았다. 미생물학 중간고사 점수가 형편없게 나오는 바람에 의대 진학이 무산될 지경이었다.

'제발 좀 내버려두세요!' 그는 핸들을 붙잡고 이렇게 되뇌었다.

의대 진학은 갈렙의 바람이 아니었다. 의대에 관심이 없다고 말할 때마다 어이없다는 표정을 짓던 어머니와 팔짱을 끼고 노려보던 아버지가 떠올랐다. 등줄기에 오싹한 기운이 느껴졌다.

'한국인 부모란….' 그는 한숨을 내쉬었다. 그는 부모님께 중간고사 성적을 함구하기로 마음먹었다. 최소한 오늘밤에는 이야기를 꺼내지 말아야겠다고 생각했다.

갈렙은 45번가를 지나 우회전을 해서 고속도로로 빠졌다. 고속도로를 타자 낡은 와이퍼가 차창에 남기는 작은 줄무늬는 더 이상 신경 쓰이지 않았다. 이미 그의 마음은 다른 곳으로 흘러가고 있었다.

도시락

그날 오후, 갈렙과 애나는 한 일식당에서 데리야키 치킨 도시락으로 늦은 점심을 같이했다. 점심 손님들이 다 빠져나간 뒤라서 두 사람은 창가에 자리를 잡을 수 있었다.

갈렙은 지난 학기 심리학 개론 수업에서 애나 휴즈를 만났다. 두 사람은 같은 조에 편성되었고, 금세 좋은 친구가 되었다. 오늘 애나는 "다르푸르(Darfur: 4년 동안 20만 명의 양민이 학살당한 수단 서부 지역 – 편집자 주)를 살리자"라고 쓴 검은색 티셔츠 위에 중고 시장에서 구입한 외투를 걸쳤다. 애나의 어깨에 살포시 내려앉은 금발에 자꾸만 눈길이 가서, 갈렙은 일부러 딴청을 피웠다. 그는 미소 된장국에 떠 있는 두부와 미역 조각을 물끄러미 내려다봤다.

된장국을 한 모금 마신 뒤 갈렙은 눈을 들어 애나를 봤다. 애나의 푸른 눈동자가 갈렙을 빤히 쳐다보고 있었다. 애나의 습관이었다. 특히 이런저런 생각으로 머릿속이 복잡한 갈렙의 관심을 끌고 싶을 때 그랬다. 그때마다 갈렙은 몹시 불편해했다. 그는 오후 내내 마음속으로 똑같은 주문을 반복하고 있었다. '아냐. 이건 데이트가 아니야. 우

린 그냥 친구 사이일 뿐이라고.'

그는 헛기침을 한 번 하고 얼굴이 약간 붉어져서는 국그릇을 탁자 위에 내려놓았다. 소용돌이가 국그릇 속으로 퍼져 가는 모습을 잠시 지켜보았다. 애나는 갈렙의 그런 태도를 전혀 눈치채지 못했다.

갈렙은 아무렇지도 않은 체하며 이렇게 물었다. "무슨 일이야?"

"오늘 정말 짜증나는 장면을 목격했어. 학교 가는 길에 레드 스퀘어를 지나갔는데, 오늘 거기서 동성애자 집회가 있었던 거 알아? 비가 오는데도 사람들이 많이 모였더라고. 난리도 아니었지. 희한한 의상에 분장까지 하고들 말이야. 그런데 내가 정말 짜증났던 건 길가에 서 있던 사람들 때문이야. 험한 말을 입에 달고 연신 소리를 지르고 있더군. 그 사람들이 든 피켓에는 '하나님은 호모를 미워하신다', '에이즈는 하나님의 저주다' 같은 문구들이 쓰여 있었어. 그들은 구호를 외치기 시작했지. '예수천당 불신지옥! 예수천당 불신지옥!' 그들은 기독교인이었어! 화난 기독교인들."

"하지만" 하고 갈렙이 손을 들며 말했다.

"알아, 알아. 기독교인들이 다 그렇지는 않겠지. 진정하라고. 지금 네 이야기를 하는 게 아니잖아. 하지만 생각 좀 해 봐. 그런 사람들을 양산해 내는 기독교가 무슨 유익이 있지? 분노하고, 비판적이고, 편협한 사람들을 만들어 내는 종교가 무슨 소용이냐고?"

갈렙이 또다시 끼어들려고 하자 애나는 "내 말 아직 안 끝났어" 하고 말했다. 그러고는 조금 천천히 이야기를 계속했다. "결국 이런 생각이 들더라. 그 사람들을 보니 전에 다니던 교회가 생각났어. 너도 알다시피 대학에 들어오기 전까지는 나도 계속 교회에 다녔잖아. 그 이후로는 가 본 적 없지만 말이야. 그 교회 사람들은 피켓을 들고 밖에 나와 동성애자들에게 소리를 지르지는 않을 거야. 하지만 비판적이기는 마찬가지였지. 청소년부 목사님은 날 항상 죄인 취급하셨어. 매주 설교를 들으려고 앉아 있으면 아주 사소한 잘못까지도 들춰내 지적하곤 하셨지. 너무 괴로웠어. 숨 쉬기조차 힘들 정도로 말이야. 난 항상 듣지 말아야 할 라디오 방송을 청취하고, 이상한 질문을 던지고, 특이한 옷을 입고, 몹쓸 남자친구와 데이트를 한다는 식이었지. 심지어 내 속에 있는 마귀를 쫓아내겠다며 난리법석을 피웠으니까. 그 마귀 이름이 '밥'이라나 뭐라나."

갈렙은 마지막 말에 빙그레 미소를 지었다.

"나는 기독교인들의 말이 잘 이해가 안 돼." 애나가 한결 진지한 태도로 말을 이었다. "하나님은 완벽한 세상을 원하셨지. 그분은 내가 더 나은 사람이 되기를 바라면서 항상 날 지켜보고 계셨어. 물론 내가 절대로 그렇게 될 수 없다는 것도 아셨지. 그분은 항상 옳고, 난 항상 틀렸어. 하나님이 내미신 성적표에서 내 성적은 항상 평균 미달이었지. 하나님은 매우 낙담하고 실망하셔서 나 같은 건 꼴도 보기 싫으실 거야. 하나님이 오늘 동성애자 집회도 내려다보시지 않았을까? 고개를 절레절레 저으시며 그들을 비판하고 단념하시지 않았을까?" 애나는 갈렙을 비난이라도 하듯이 손가락으로 그를 가리켰다.

격앙된 감정이 파도처럼 그녀를 휩쓸고 갔다. "그래, 아마도 그러셨겠지. 교회에 다니는 사람들처럼, 동성애자 집회에 나온 사람들처럼, 그리고 우리 아빠처럼. 우리 아빠도 교회 집사님인데…." 애나는 갑자기 할 말을 잃고 갈렙의 어깨 너머 창밖으로 지나가는 차들을 멍하니 바라보았다.

갈렙은 애나가 무얼 보는지 궁금해하면서, 애나가 다시 말을 꺼내기를 기다렸다. 그런데 아무 말이 없었다. 갈렙은 어색한 침묵을 깰 만한 게 없을까 싶어 식당 안을 두리번거렸다. 애나가 무슨 생각을 하는지 알 길이 없었다. 비에 젖은 콘크리트 도로 위로 지나가는 차 소리만 간간이 들렸다. 그는 자세를 고쳐 앉았다. 두근거리는 맥박 소리가 귀에 점점 더 크게 들려왔다.

굳게 다문 애나의 입술 위로 눈물이 흘러내렸다. 드디어 애나가 입을 열었다. "기독교도 엉망진창인 다른 종교들과 다를 바가 없어! 기독교인들이 하는 짓을 좀 봐. SUV에 기름을 잔뜩 넣고, 총기협회에 가입하고, 낙태 시술소 앞에서 시위를 벌이고, 남의 나라에 폭탄을 투하하고, 흥청망청 돈 쓰기 바쁘지. 그렇지 않아? 자기 잇속 챙기는 데만 급급해. 기독교가 우리를 위해, 세상을 위해 한 일이 도대체 뭐야? 기독교는 위선자 집단에 불과해. 내 결론은 그래. 기독교가 잘한 게 뭐가 있냐고?" '뭐가 있냐고' 하면서 애나가 탁자를 쾅 내리치는 바람에, 식당에 있던 손님들이 그들을 흘끔흘끔 쳐다보았다.

애나는 눈물을 훔치면서 갈렙을 보았다. 답변을 기다리는 눈치였다. 어색한 침묵이 흘렀다. 갈렙은 온 정신을 집중해서 대답할 거리를 열심히 찾았다. 애나의 분노를 가라앉힐 만한 적당한 말을 떠올리려고 노력했다. 하지만 아무 말도 생각나지 않았다. 쥐구멍에라도 숨고 싶은 심정이었다. 절로 미간이 찌푸려졌다. 갈렙은 땅이 꺼져라 한숨을 크게 내쉬며 어깨를 으쓱해 보였다. 그리고 자신의 솔직한 심정을 토로했다.

"모르겠어. 나도 잘 모르겠다고." 그는 고개를 가로저으며 말했다.

대본

갈렙은 고속도로에 들어섰다. 번쩍이는 브레이크등의 물결이 마치 크리스마스 트리처럼 젖은 콘크리트를 밝게 비춰 주고 있었다. 끙 하는 소리가 절로 났다. 15분 후에야 겨우 레이크시티 출구에 도달할 테고, 그 이후로도 머나먼 하굣길이 기다리고 있었다. 애나에게 했던 말이 머릿속에서 메아리처럼 울려 댔다. "나도 잘 모르겠다고." 얼마 못 가 얼굴에서 열이 나고 목 주변에 땀이 나기 시작했다. '이런 바보 같으니라고.' 한 손은 운전대를 잡고, 다른 한 손으로 겉옷을 벗은 뒤 창문을 조금 열었다. 차가운 공기가 밀려들어 왔다.

그는 "전도자의 사명을 다하라"¹¹라는 코빈 목사의 말이 떠올랐다. 만약 다른 사람이 그런 말을 했다면 지금처럼 불안하지는 않았을 거다. 제프 코빈 목사는 누구에게나 존경받았다. 설교만 잘하는 게 아니라, 20명이 출석하던 교회를 4년 만에 200명으로 부흥시킨 유능한 목사였다. 코빈 목사는 갈렙을 신임해 교회 청년부의 예배 인도를 맡기기도 했다. 두 사람은 오랜 시간을 함께했고, 갈렙은 코빈 목사의 관심과 사랑을 깊이 느낄 수 있었다. 그에게 실망을 안겨 주고 싶지 않았다.

코빈 목사는 청년부의 모든 지체가 복음 전도의 책임에서 예외일 수 없다고 못박았다. 성경을 보면 '전도자' 타입이 아니었던 디모데도 이 책임을 받았다는 것이다. 갈렙은 청년부에서 예배 인도를 맡고 있었다. **리더**라는 직함을 달고 있었지만 친구들에게 신앙 이야기를 꺼내기는커녕, 찬양팀의 음정 박자도 제대로 못 맞추는 실정이었다.

'나는 전도자가 아니야.' 고등학생 때는 친구들에게 열심히 복음을 전했다. 대학 새내기 시절 기숙사에 살면서도 나름대로 열심을 냈던 것 같다. 갈렙의 열심을 보고 교회에 나오기 시작한 친구도 몇 있었다.

하지만 '전도자'라고 하면 왠지 젭 형제의 이미지가 떠올랐다. 그는 뜨거운 지옥 불에 떨어져 괴로워하는 사람들의 모습이 앞뒤로 그려진 옷을 입고 토네이도처럼 레드 스퀘어를 헤집고 다녔다. 무신론자, 동성애자, 자유주의자, 급진적인 환경 운동가, 야유하는 사람 등 그의 앞길을 막아서는 사람이라면 누구에게라도 주먹을 휘두르며 비난을 퍼붓는 통에 기독교에 조금이라도 관심 있던 사람들마저 줄행랑을 치는 판이었다.

'알아, 알아. 너 보고 그 형제처럼 되란 소리는 아니잖아.' 어디선가 코빈 목사의 목소리가 들리는 것만 같았다. '그냥 친구들과 신앙을 나누라는 것뿐이라고.' 그 정도면 무리한 요구는 아니었다. 예수님이라도 갈렙에게 그 정도는 요구하시지 않았겠는가? 그런데 갈렙은 친구들이 혹여 이런 질문이라도 던지면 자신이 영락없이 젭 형제가 된 기분이었다. "예수님에 대해 한 번도 들어 보지 못한 사람은 어떻게 되지? 다 지옥에 떨어지는 건가?"

대개는 교회에서 배운 대로 착실하게 답했지만, 그저 대사만 읊조리는 B급 영화의 배우라도 된 듯한 심정이었다. 그리스도인은 위선자라는 말을 들을 때마다 뼈아프게 공감했다.

갑자기 지프차 한 대가 끼어드는 바람에, 앞차와 부딪힐 뻔했다. 경고 치고는 좀 오랫동안 요란하게 경적을 눌러 댔다.

'이 정도라면 오스카상도 문제없지, 암.'

가치관

갈렙은 노스게이트 몰까지 그 지프차를 뒤쫓다가 그만두었다. 그러자 심박수가 떨어지면서 정상으로 되돌아왔다. 식당에서 애나가 던졌던 질문이 다시 떠올랐다. "기독교인이 잘한 게 대체 뭐야?"

자세를 바꿔 앉으면서 갈렙은 열심히 답을 찾아보았다. 기독교적 가치관을 하나씩 머릿속에 떠올리면서 말이다. '기독교인은 예수님을 닮아가야 해. 맞아. 하나님과 풍성한 교제를 나눠야 해. 하나님께 이야기하고, 하나님의 말씀을 듣고, 들은 대로 행동해야지. 기독교인은 국내외를 막론하고 친구들에게 자기 신앙을 전해야 해. 세상을 피해 숨어 살기보다 공동체를 이루어 서로 사랑하며 살아야 해. 기독교인은 가난한 자들을 사랑하고 정의를 위해 싸워야 해. 예수님의 부름을 받아 인류 화해의 최전선에 서야 하지 않나? 후투 족과 투치 족, 세르비아와 크로아티아, 아랍인과 유대인 사이에 다리를 놓는 사람이 되어야지. 자기 잇속은 덜 채우고 더 많이 나누어야 하고. 이 세상을 더 좋은 곳으로 만들기 위해 애써야 해. 그래. 예수님은 자신을 따르는 이들에게 이런 것을 원하셨을 거야. 그렇지?' 갈렙은 예수님이 꿈꾸셨던 공동체가 바로 이런 모습일 거라고 생각했다.

교통 체증이 더 심해졌다. 차에서 내려 걸어가는 편이 더 빠를 것 같았다. 하지만 갈렙은 이제 교통 체증 따위는 아랑곳하지 않았다. 자신의 비전을 머릿속에서 구체화하는 동안 갈렙의 두 눈은 새로운 에너지로 불타올랐다. '이런 기독교인이라면 세상을 바꿀 수 있다고!' 그는 마치 숲 속으로 뛰어 들어가는 사슴 밤비를 본 아기 토끼 덤퍼처럼 핸들을 두드려 댔다.

'하지만 기독교인은 이런 모습과 대개 거리가 멀지.' 이런 삶으로 부름받았다는 사실을 대충은 알면서도 번거롭고 힘드니까 애써 무시하는 사람들이 있다. 대중의 인기와 사생활을 동시에 소유하고 싶은 할리우드 스타들처럼, 기독교인들은 믿음이 가져다주는 안정감과 번영의 꿈을 둘 다 놓치고 싶지 않았다. 이들은 둘 중 어느 것에도 의문을 품지 않았다. 그런가 하면 아무것도 모르는 사람들도 있다. 이 사람들은 이런 식으로 살아야 한다고 가르침을 받은 적이 없다. 복음이 이렇게 살라고 가르쳤던가? 복음은 그저 죽음 **이후** 세계만 가르치지 않았는가? 기독교인이라고 이렇게 살 필요는 없었다. 어쨌거나 다들 천국에는 들어갈 테니 말이다. 그렇지 않은가?

쓰레기

갈렙은 고개를 돌려 시야를 확인했다. 그런 다음 차선을 바꾸다가 문득 이런 생각이 들었다. '아마 그래서 기독교인이 전도에 그렇게 집착하는지도 몰라. 기독교는 그저 천국에 가는 종교니까. 그렇잖아? 하지만 그래서는….'

갈렙은 마닐라의 기억을 떠올리며 고개를 가로저었다. 지난 여름 갈렙은 전 세계에서 온 (대부분은 샌디에이고 출신인) 대학생들과 마닐라에 있었다. 그는 검게 그을린 피부에 쪼리를 신고 그쪽 사투리를 쓰는 대학생 정도를 기대했는데, 그들에게서 냉소주의와 거리가 먼 진지한 태도와 하나님에 대한 열린 마음을 보고 깜짝 놀랐다. 마닐라로 출발하기 전에 그들은 세상에 만연한 불공평의 문제들, 예를 들어 성차별, 인종차별, 빈부 격차, 미국과 나머지 세계 등을 다룬 여러 기사를 함께 읽었다. 가난한 자와 억압받는 자를 향한 하나님의 크신 긍휼에 대해 묘사한 아모스서와 이사야서 같은 구약 성경의 선지서도 공부했다. 마치 새 안경을 쓴 기분이었다. 세상을 좀더 분명하게 볼 수 있었지만, 온갖 새로운 생각이 꼬리에 꼬리를 물어 머리가 지끈거리기 시작했다.

마닐라에서 6주 동안 도시 빈민층과 함께 생활하면서 갈렙의 마음은 활짝 열렸다. 그가 속한 팀원들은 쓰레기 더미 위에 지은 빈민가 판자촌에서 잠을 잤다. 쾨쾨한 냄새가 가시지 않았지만, 쓰레기가 썩으면서 생기는 메탄가스 때문에 발생한 며칠간의 작은 폭발이 있은 다음에는 무슨 일이 일어나도 대수롭지 않았다. 그는 슬레이트로 만든 자그마한 판잣집에서 잠을 잤는데, 어찌나 집이 부실한지 벽에 기댔다가는 통째로 무너져 집 뒤쪽의 더러운 강 속에 빠지지는 않을까 겁이 날 정도였다. 판자촌 사람들은 재활용품과 쓰레기를 모아 중간 상인에게 팔아 하루에 얼마씩 벌었다. 그래도 그럭저럭 생계를 유지했다. 갈렙은 난생 처음 보는 광경이었다. '하나님은 이런 곳에서 도대체 무슨 일을 하실까? 하나님이 여기 계시기는 한 걸까?' 갈렙은 의문이 들었다. 갈렙은 시애틀에서 멀리 떨어져 있었다. 요술 지팡이라도 써서 집에 돌아가고 싶은 심정이었다.

그러던 어느 날 아침, 주변이 으스스할 정도로 고요했다. 한 판잣집 벽에 피가 뿌려져 있고, 아이들이 그 앞에 멍한 표정으로 앉아 있었다. 현실이 아니라면 싸구려 공포영화에나 등장할 만한 광경이었다.

'뭔가 좋지 않은 일이 벌어진 게 틀림없어' 하고 갈렙이 생각했다.

곧 소식이 전해졌다. 전날 밤 어느 십대 소년이 마약 상인들과 난투극을 벌이다가 칼에 찔려 목숨을 잃은 것이다. 팀원들은 기도 모임을 소집했고, 갈렙은 그 어느 때보다 간절히 기도했다. 마을 사람들은 그들이 무슨 일을 하는지 궁금해했다. 특히 아이들에게 손을 얹고 그들을 보호해 달라고 기도할 때 이상한 눈으로 보는 사람이 많았다. 하지만 기도에 동참하는 사람들도 더러 있었다. 마을 사람들은 타갈로그어로 기도했다. 갈렙은 그들의 기도를 단 한마디도 알아들을 수 없었지만 간절한 심정만큼은 이해하고도 남았다. 그 기도가 모두를 하나로 엮었다. 손에 손을 잡고 기도하던 그 순간, 팀원 모두는 이 상처입은 판자촌에도 희망이 있다는 사실을 발견했다. 하나님이 거기 계시기 때문이다. 하나님은 팀원들에게 그 사람들을 사랑하는 마음을 뜨겁게 부어 주셨다. 그들은 고등교육을 받았지만 냉담한 미국인들과는 전혀 달랐다.

나중에 집으로 돌아온 다음, 코빈 목사는 청년부 리더들에게 여름방학에 사역한 경험을 나누어 달라고 청했다. 갈렙은 거기서 깨달은 바를 거침없이 고백했다. 하나님은 평화와 정의의 하나님이요 가난한 자들을 특별히 사랑하신다는 사실을 말이다. 갈렙은 눈에 눈물을 머금은 채 청년부가 해외 빈민을 후원하고 그들을 위해 기도 모임을 시작해야 한다고 말했다. 그는 자리에서 일어서서 청년들이 마음과 시간을 들여 이 사람들을 도와야 한다고 간절히 요청한 다음 자리에 앉았다.

"멋지군요, 형제님!" 코빈 목사가 입을 열었다. "하나님이 형제님의 삶에 행하신 일이 놀랍습니다! 여러 가지 제안도 훌륭해요. 어떻게 각종 후원과 기도 모임을 꾸려 갈 수 있을지 생각해 봅시다. 그런데 그곳에서 결신한 사람은 몇 명이나 되죠?"

"아, 사실 거기까지 미치지는 못했습니다. 그러니까 제 말은 우리는 그저 '씨앗을 뿌렸을' 뿐이지요."

"괜찮습니다. 시작이 반이니까요." 실망한 기색을 애써 감추며 코빈 목사가 말했다. 그러더니 다른 학생들을 보며 이렇게 물었다. "여름에 또 무슨 일이 있었지요?"

학생 네 명이 각자 자기 이야기를 했다. 그런 다음 리사가 손을 들고 말했다. "저는 하나님이 올 여름 내내 제 친구 재닛을 위해 기도하라고 말씀하시는 걸 느꼈어요. '예수님 이야기를 꺼내지 않고서 우리가 어떻게 좋은 친구라고 할 수 있지?' 하고 생각했죠. 늘 예수님 이야기가 부담스러웠어요. 그런데 어느 날인가는 꼭 제 신앙 이야기를 나누어야겠다는 생각이 들었어요. 그 친구에게 예수님을 소개하고 그분이 제게 가장 소중한 분이라고 말했죠. 주님이 제 삶에 행하신 놀라운 일들을 그 친구가 알게 되기를 바랐어요. 재닛은 이야기를 듣더군요. 귀기울여 듣는 것 같았어요. 그래서 함께 교회에 가자고 권했고, 지난 한 달간 청년부에 참석했어요. 아직 그리스도인이라고 할 수는 없지만, 머지않아 그렇게 될 줄 믿어요. 정말 놀라운 일이지요? 여러분도 제 친구를 위해 기도해 주시겠어요?"

"와, 대단해요!" 코빈 목사가 말했다. "모두 리사 이야기를 들었죠? 리사가 한 일을 똑똑히 보았죠? 하나님이 행하신 일도요? 이게 바로 우리 청년부에서 해야 할 일입니다. 저는 여름방학 내내 새 학기를 위해 기도했습니다. 우리는 이 사역에 집중해야 합니다. 리사가 한 일을 우리도 해야 합니다. 새 학기에는 전도에 집중합시다!"

코빈 목사는 얼굴 가득 미소를 띠었다. 하지만 갈렙은 의자에 기대어 두 손으로 머리를 감쌌다.

다리

교통 체증이 서서히 풀리기 시작하면서 갈렙의 생각도 속도를 내기 시작했다.

마닐라에 가기 전에 갈렙은 늘 코빈 목사를 찾아가 신앙 문제나 이성 문제를 상담하곤 했다. 그런데 마닐라에 다녀온 이후로 그를 찾아가는 일이 급격히 줄었다. 갈렙이 보기에, 코빈 목사는 청년부 부흥에만 관심이 있는 듯했다.

갈렙은 이런 판단이 조심스럽다고 생각하면서도, 차를 타고 집으로 향하는 동안 뭔가 깨닫는 바가 있었다. 코빈 목사에게는 천국이 전부였다. 만약 천국에 자리가 없다면, 어떡하든 사람들을 거기 들여보내는 데 총력을 기울여야 할 것이다. 그렇지 않은가? 말하자면 이런 식이다. "우리는 가능한 많은 사람을 청년부에 데려와서 그들이 복음을 듣고 구원받게 해야 한다." 반면, 마닐라의 가난한 사람들을 돕는 행위는 아무리 고상한 목적이 있다 해도 영혼 구원과는 별로 상관이 없는 일이었다.

'이건 말도 안 돼. 예수님의 가르침에 어긋나게 살아서가 아니라,

말씀대로 살았기 때문에 오히려 믿음을 드러내지 못하는 결과가 나오다니?'

차창이 뿌예져서 갈렙은 서리 방지 버튼을 눌렀다. 서리는 서서히 걷혔지만, 그의 마음은 여전히 복잡했다.

'좋아. 처음부터 다시 시작해 보자. 복음이 뭐지?' 그는 코빈 목사가 가르쳐 준 다리 그림을 그렸다.

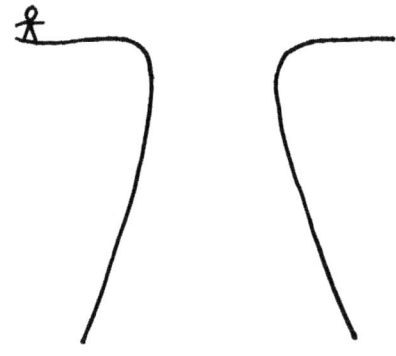

사람이 죄를 지으면, 그러니까 섹시한 여자에게 음흉한 눈길을 주거나 통행금지 시간을 어겨 부모를 거역하면, 하나님은 그에게 불같이 화를 내셨다. 하나님은 죄를 참지 못하셨다. 그분은 너무 거룩한 분이셔서 죄를 가까이하실 수 없었다. 그래서 분노하신 하나님은 죄인에게 영원한 형벌을 내리셨다. 그러므로 그 사람은 하나님과 분리되었다. "죄의 삯은 사망이요."[2]

갈렙은 계속 생각했다. 하나님의 아들 예수님은 인류가 고안해 낸 가장 잔인한 형벌인 십자가형으로 고난을 받으셨다. 하나님은 자신이 죄와 죽음을 멸하는 권세 있는 분임을 증명하시려고 예수님을 다시 살리셨다. 예수님의 희생과 용서를 통해 사람들은 영원히 하나님과 함께할 수 있게 되었다. 예수님이 우리 죄를 위해 대신 죽으셨기에 이제는 죽어도 천국에 갈 수 있게 되었다. 예수님이 하신 일을 받아들이기만 하면 영원히 천국에서 살 수 있게 된 것이다. 갈렙은 이 사람이 다른 편에 계신 하나님을 만나기 위해 예수님이라는 다리를 어떻게 놓을 수 있을지 마음속에 떠올려 보았다.

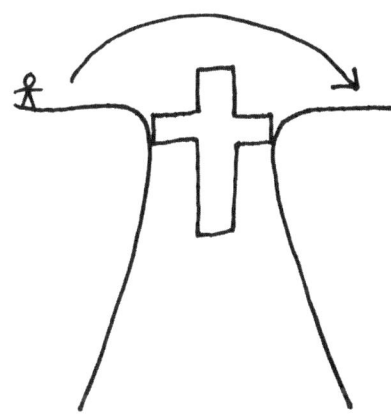

아무런 죄가 없으신 예수님이 이 사람의 형벌을 대신 받으셨다. 인질을 교환하는 조건으로, 예수님이 이 죄인을 대신해 죽으신 것이다.

갈렙은 크게 외쳤다. "예수님이 날 위해 돌아가셨으니 나는 용서받았다." 코빈 목사가 몹시 흡족해했을 것이다.

용서는 세계의 여러 종교 중에서 기독교만이 가지는 독특한 주장이다. 용서는 갈렙의 머리와 마음을 무차별적으로 공격하는 자기 정죄의 게릴라전에서 그를 지켜 주었다. 자신을 향한 부모의 지나친 기대감 때문에 그들을 미워하는 마음이 들거나 인터넷 포르노에 빠져들 때마다 수치심에 어쩔 줄 몰랐다.

하지만 얼마 못 가 하나님께 용서를 구하곤 했다. 예수님이 그의 죄를 위해 대신 돌아가시고 하나님이 여전히 그를 사랑하신다는 사실을 떠올렸다. 그러면 "긍휼은 심판을 이긴다"[3]라는 진리의 말씀이 마음속에 잦아들었다. 더 이상 정죄함이 없으니[4] 죄책감도 수치심도 사라졌다. 갈렙은 자기가 무슨 짓을 하더라도 하나님이 그를 더 사랑하게 혹은 덜 사랑하게 할 수 없다는 사실을 알고 안심할 수 있었다. 행위가 아니라 하나님의 은혜로 구원받았기 때문이다.[5] 이미 예수님이 행하신 일을 믿기만 하면 되었다. 하나님의 용서를 믿고 누리기만 하면 되는 것이다. 예수님을 통해 하나님과의 관계를 회복했다. 자비로우신 하나님은 말도 안 되는 놀라운 용서를 그에게 베푸셔서, 그도 다른 사람을 용서할 수 있게 하셨다. 때때로 이 말씀이 믿어지지 않을 때도 있지만, 결국 그에게는 꼭 필요한 말씀이었다. '복음이 없으면 지금의 나는 있을 수 없어. 복음은 기쁜 소식이야. 그렇고 말고.'

앞차에 브레이크등이 켜지더니 뒤쪽 범퍼가 성큼 다가왔다. 충돌을 피하려고 브레이크를 세게 밟았다.

'이런, 운전할 때는 정신 똑바로 차려야지.'

강

하지만 그의 마음은 브레이크등을 무시한 채 같은 길을 내달렸다. 이 진리만 믿으면 구원받을 수 있다면, 예수님은 믿지만 아랍인들을 싫어하는 기독교인도 천국에 갈 수 있을까? 예수님이 하신 일을 믿으면서도 큰 집과 별장을 구입하고 벤츠를 몰고 개인 비행기로 해외여행을 가고 최고급 요리와 와인을 즐기는 기독교인이 있을 수 있겠지? 입에 풀칠하려고 쓰레기 더미를 뒤지고 다니는 사람들에게는 한 푼도 주지 않으면서 말이다. 형편만 된다면 서구 기독교인은 윤택한 삶을 추구할 것이다. 그러면 그들은 과연 천국에 갈 것인가? 갈렙의 귀에 아모스서를 인용하는 마틴 루터 킹 목사의 우렁찬 목소리가 들리는 듯했다. "오직 정의를 물같이, 공의를 마르지 않는 강같이 흐르게 할지어다!"[6]

도대체 교회 어느 구석에 이러한 물과 강이 있단 말인가? 다리 그림에 따르면, 기독교인은 전도할 필요도 없고, 억울한 사람들을 위해 일어설 필요도 없고, 예수님을 닮을 필요도 없으며, 다른 문화와 종교를 가진 사람들을 사랑할 필요도 없다. 환경을 돌보거나 가난한 사람들에게 전혀 신경쓰지 않아도 괜찮다. 믿기만 하면 천국에 들어가니 말이다. 그러면서도 예수님과 관계를 맺고 있다고 얼마든지 주장할 수 있다. 믿기만 한다면 나머지는 모두 부록에 불과했다.

갈렙은 예수님이 말씀하신 양과 염소의 비유를 떠올렸다.[7] 굶주린 사람들에게 먹을 것을, 목마른 사람들에게 마실 것을 주지 않았으며, 낯선 이를 환대하지 않고, 헐벗은 이에게 입을 옷을 주지 않고, 아픈 사람들을 돌보지 않으며, 옥에 갇힌 자를 찾지 않은 사람들은 영원한 형벌로 고통당했다. 그러나 복음은 또한 천국에 가려면 예수님이 당신 죄를 위해 돌아가셨다는 사실을 그저 믿기만 하면 된다고 말하는 듯하다. 살면서 그분의 가르침을 전혀 행치 않는다 해도 말이다.

갈렙은 핸들을 꽉 붙들었다. 손가락 마디마디가 하얗게 변했다. 자기도 모르는 사이에 이를 악물고 있었다. '이웃을 사랑하지 않는 기독교인도 천국에 들어갈 수 있을까?' 그를 신학적인 코너에 몰아넣고 한판 붙자고 하면, 두손 들고 항복해야 할 판이다. 자신이 배운 복음대로라면 그 답은 "예"이기 때문이다. 예수님이 그들의 죗값을 이미 치르셨다. 변화가 필요한 인생은 아무도 없다. 다른 일을 행할 필요가 전혀 없다. 예수님을 믿고, 입술로 고백하고, 마음으로 그 진리를 받아들이기만 하면, 예수님은 당신을 천국으로 인도할 것이다. 그런 믿음은 이생과 아무런 관련이 없고, 내세에만 관련이 있다. 갈렙은 이 세상을 뒤바꾸거나 더 좋은 곳으로 만들기 위해 애쓸 필요가 없었다. 예수님과의 개인적인 관계를 고스란히 유지하면서, 그저 죽음 뒤에 있을 천국을 기다리기만 하면 되었다.

'예수님이 약속하셨던 풍성한 삶은 도대체 어디에 있는가?' 손끝이 저려 오기 시작했지만, 질문 공세는 그치지 않았다. 이 복음은 오늘 여기서 믿음을 살아 내는 것과 무슨 상관이 있단 말인가? 믿음이란 무엇인가? 복음이 뭔가? 이것은 진리인가? 아니면 지난 20년간 그의 영적인 삶은 한낱 연극에 불과했는가? 자기 신앙의 핵심 메시지에 의문을 제기할 수 있다면, 의문을 제기하지 못할 것은 아무것도 없었다. 모든 것이 의심스러웠다.

'내가 이런 생각을 하다니 믿을 수가 없어.' 심장 박동이 요동쳤다. 그러면서도 생각은 꼬리에 꼬리를 물고 이어졌다. 코빈 목사의 도전과 전략을 생각해 봤을 때, 복음 전도는 기독교인들이 자신의 우월성을 강요하는 또 다른 방식에 불과한 것 같았다. 기독교의 진리가 확실하다는 교만한 주장 말이다. '하나님께 가는 수많은 길을 보여 주는 이 세상에서 어떻게 유일하게 객관적인 진리를 주장할 수 있을까? 우리에게 있는 것이 유일한 진리일 수도 있겠지만, 그게 무슨 소용이란 말인가? 우리는 고통받는 세상에 어떤 기쁜 소식을 전해 주고 있는가? 우리가 전해 줄 기쁜 소식이란 게 정말 존재하는 걸까?'

갈렙은 성경에 어마어마한 뉴스가 가득하다는 걸 알았지만, 그가 배운 복음은 자신이 마닐라에서 발견한 모든 사실을 무시하는 듯했다. 하나님은 가난한 사람들을 사랑하시고 고통받는 자를 위로하시며 사람들을 화해시키시고 병든 자를 치유하신다는 사실 말이다. 이것은 에이즈 치료법만큼이나 획기적인 소식이다. 에이즈 환자를 포함해서 모든 인류에게 기쁜 소식 말이다. 그러나 그가 아는 복음은 이런 사실들에 대해서는 함구했다. 그저 이 죄 많은 세상을 벗어나 죽음을 통과해 하나님과 함께하는 삶으로 들어가는 탈출구를 제시할 뿐이었다. 고통받는 이 세상에 대해선 아랑곳하지 않는 것 같았다. 그러니 기독교인들도 고통받는 세상을 본체만체할 뿐이었다. 솔직히 말해서, 기독교인들은 이 지구상에서 가장 이기적인 돼지들이나 마찬가지였다! 애나의 말이 맞는지도 모른다.

갈렙의 얼굴에 핏대가 섰다. 주먹으로 계기판을 내리치면서 소리를 질렀다. "이건 절대 기쁜 소식이 아니야!" 눈에서 눈물이 흐르기 시작했다. 창밖으로 흐르는 부슬비가 마치 하나님이 흘리시는 눈물 같았다. 이제야 머릿속의 생각이 잦아들었다. 와이퍼가 움직이는 소리 외에 사방은 쥐 죽은 듯 고요했다.

탐색

갈렙은 주차한 다음, 집으로 들어갔다. 부모님과 함께 앉아 별 대화 없는 저녁 식사를 마치고, 방으로 가서 유기화학 과제에 매달렸다. 하지만 케톤과 알데히드의 차이점이나 신경쓰고 있을 여력이 없었다. 교과서를 덮고, 함께 자신의 문제를 이야기할 친구를 찾아 나섰다.

데이브 모리슨에게 전화를 걸었다. 찬양팀에서 베이스를 치는 친구였다. 데이브는 갈렙의 가장 친한 친구였기에, 속 이야기를 털어놓고 싶었다.

"내가 정신 나간 거지, 그렇지?" 하고 갈렙이 물었다.

"물론이지. 그렇고 말고." 데이브는 낮은 목소리로 느긋하게 대답했다.

"야, 난 진짜 심각하단 말이야."

"그래, 알았어. 난 잘 모르겠는걸. 기도는 해 봤어?"

"아니, 아직도 생각 중이야." 갈렙이 대답했다.

"그래도 기도는 해 봐야지. 코빈 목사님은 만났어?"

"말씀드려야지." 갈렙은 얼굴을 찌푸리며 말했다. "근데 요즘 목사님과 사이가 멀어져서. 그분이 내 말을 이해해 주실지 모르겠어."

"음. 그렇담 살란드라 존스 교수님은 어떨까? 궁금한 게 있으면 아무 때라도 찾아오라고 하셨잖아. 그 교수님이라면 이런 고민을 해 보셨을지도 몰라."

존스는 '종교와 인종' 과목을 가르치는 인종학 교수인데, 갈렙과 데이브는 지난 학기에 그녀의 수업을 함께 들었다. 그녀는 세상에서 일어나는 거대 이슈들에 관심이 많았다. 그 점은 수업 내용에서 분명히 드러났다. 그녀는 갈렙이 다니는 교회 청년부에 초대를 받아 인종과 민족간 화해의 필요성을 강연하면서, 학기 중에 자기를 찾아와 대화를 나누어도 좋다고 했다. '그렇지만 교수님의 관점이 성경적일까?' 갈렙은 알 수가 없었다. 그래도 시도해 볼 만한 일이라는 생각은 들었다.

"괜찮은 생각인데." 갈렙이 말했다. "교수님을 찾아뵈야겠어. 고마워."

"나도 기도할게. 그리고 톰에게도 같이 기도해 달라고 전할게. 그런데 요즘 애나와는 잘돼 가?"

갈렙은 수줍은 미소를 띠면서, 데이브가 자신의 표정을 볼 수 없어서 다행이라고 생각했다. "그 이야기는 내일 해줄게. 꼭."

"좋아. 하지만 너무 뜸들이진 말라고."

전화를 끊은 갈렙은 곧장 컴퓨터 앞으로 갔다. 인터넷에서 '살란드라 존스'를 검색하니, 학교 웹 사이트가 나왔다. 교수진 소개란에 강의 시간이 나와 있었다. '좋았어!' 내일 오후에 그녀를 만날 수 있을 것 같았다.

갈렙은 하나님의 인도하심을 구했다. '주님, 도와주세요.'

포옹

다음날 아침 갈렙은 또다시 부슬비 속을 뚫고 차를 몰아 학교에 갔다. 어제와 달리 오늘은 누군가가 뒤에서 차를 밀어 주는 것 같았다. 아니 어쩌면, 앞에서 차를 끌어 준 것일까. 그는 순식간에 교통 체증을 뚫고 지하 주차장에 차를 댔다. 수업을 마친 그는 또다시 그 힘에 이끌려 캠퍼스를 가로질러 동쪽으로 움직였고 페이들포드 홀 앞에 섰다. 그는 검은색 널빤지로 된 안내판을 확인한 다음 엘리베이터를 타고 인종학과 교수실이 위치한 5층에 내렸다.

문은 활짝 열려 있었다. 그리 넓지 않은 방이었다. 존스 교수의 뒷모습이 보였다. 의자에 기대 앉아 기다란 창문 밖을 내다보고 있었다. 벽면 사방을 두른 책장에는 책들이 빼곡히 꽂혀 있었고, 책상에는 이런저런 서류들이 높이 쌓여 있었다. 뒤쪽으로는 고풍스런 가죽 의자가 있고, 등받이엔 화려한 색상의 케냐풍 벽걸이 양탄자가 걸쳐져 있었다. 형광등은 꺼졌고, 바닥에 놓인 기다란 전기 스탠드와 탁상 스탠드가 따뜻한 불빛을 내뿜고 있었다.

갈렙이 말을 채 꺼내기도 전에 존스 교수가 뒤로 돌아보았다. 그녀는 환한 미소로 반겼다. "무슨 일로 왔지?"

갈렙도 미소로 화답했다. "교수님, 잠깐 시간 좀 내주실 수 있나요?"

"물론이지. 그렇지 않으면 내가 왜 여기 있겠니?" 오랜 동안 교직에 몸담은 사람들이 그렇듯, 그녀는 분명하고 차분하게 말했다. 갈렙에게 인사를 하려고 자리에서 일어난 그녀는 호리호리한 몸매와 하이힐 때문인지 실제보다 키가 더 커 보였다. 검은 곱슬머리는 짧게 잘랐다. 검은 테 안경과 회색 정장 차림이 권위와 신뢰감을 주는 듯했다. 그런 복장이 아니었다면 훨씬 어려 보였을 것이다. 마치 학생처럼 말이다.

"교수님, 저는….".

"갈렙, 맞지? 기억하고 있지." 그녀는 한발 앞으로 나오더니 가벼운 포옹으로 갈렙을 반가이 맞아 주었다. 잠시 어색한 분위기가 흘렀지만, 금세 따뜻한 온기가 연구실을 가득 채웠다. 그녀가 팔을 풀자, 갈렙은 목과 어깨가 꽤 오래 경직되어 있었던 것을 느낄 수 있었다. 크게 심호흡을 하고 긴장을 풀었다. 풀이 무성하게 자란 빽빽한 정글 속을 헤매다가 마침내 넓은 길을 찾은 듯한 기분이었다. 그 길이 어디로 가는지는 알 수 없지만, 아무튼 길을 찾은 것이다.

"외투는 여기에 걸고 자리에 앉으렴." 그녀는 의자를 가리켰다. 갈렙은 자리에 편안하게 앉았다.

"뭘 도와주면 좋을까?" 그녀가 자리에 앉으면서 물었다.

"교수님, 교수님이 저를 도와주실 수 있을 것 같아 찾아왔습니다." 갈렙이 말을 꺼냈다. 그리고 급류처럼 이야기가 쏟아져 나왔다. 그는 신앙과 의문, 좌절감, 고민 등 자신이 힘겨워하는 문제를 모두 말했다. 그녀는 고개를 끄덕이며 적절한 때에 "음" 하고 장단을 맞추면서 잘 들어주었다. 갈렙이 이야기를 마치자 그녀는 미소를 지었다. 그리고 하나하나 설명하며 답변하기 시작했다.

순례자

 갈렙은 기둥에 기대어 서서 방수 점퍼를 입은 학생들이 도서관에 들락거리는 모습을 지켜보았다. 그는 양털 재킷과 청바지로 기둥에서 전해지는 한기가 느껴지자 체온을 유지하려고 팔짱을 꼈다. 그래도 밖이 더 나았다. 비 오는 날은 도서관 내부 공기가 탁해서 땀에 젖은 운동화 냄새가 났다. 시원한 바람이 상쾌하게 느껴졌다.
 게다가 지금 실험 보고서를 작성하느니 차라리 손톱 밑을 바늘로 쑤시는 편이 나았다. 그래서 도서관 2층 휴게실에서 잠시 쉬면서 부슬비가 레드 스퀘어의 벽돌 바닥을 반짝이게 만드는 광경을 지켜보았다.
 갈렙은 이제 3학년이다. 시간이 흘러 존스 교수와 만난 지 1년이 지났다. 그날 자신의 속마음을 쏟아놓았을 때 그녀가 얼마나 참을성 있게 들어주었는지 아직도 기억한다. 갈렙은 자기가 올바른 방향으로 갈 수 있도록 그녀가 뭔가를 제공해 주기를 바랐다. 그는 자기를 인도해 줄 무언가를 찾아 어둠 속에서 헤매고 있었다. 설사 그가 그것을 찾는다고 해도, 자기 힘으로 그 진리 안에 설 수 있을지 의심스러웠다. 하지만 적어도 그것이 그에게 위안이 될 수 있을 것 같았다.
존스 교수는 딱 한마디를 내뱉었고, 그는 즉시 그 말을 붙잡았다.
"갈렙, 지금 넌 올바른 질문을 던지고 있는 거야."
이전에는 아무도 그의 질문을 인정해 주지 않았다. 그리스도인 친구들 중에는 그가 자유주의로 빠지고 있다고 생각하는 친구들도 있었다. 그들에게 자유주의란 사실 '이단'이나 같은 말이었다. 교회에 다니지 않는 친구들은 뭐가 문제냐는 듯한 태도였다. 모두 그가 신앙 문제로 고민하는 줄 알았지만 아무도 도와줄 수 없었다. 갈렙은 어떻게 시작해야 할지 감이 잡히지 않았다. 존스 교수는 탐색하고, 의문을 던지고, 고민하고, 발견하는 것이 당연하다고, 심지어 좋은 일이라고 말해 주었다. 탐색 그 자체는 정당한 일이었다. 갈렙은 이제 도망자와 같은 심정을 버리고, 순례자의 태도를 갖기 시작했다.

처음 몇 달 동안은 매주 존스 교수를 만나다가 나중엔 두세 주에 한 번으로 만남의 횟수가 차차 줄어들었다. 이 기간에 갈렙은 자신이 아는 유일한 닻을 뽑아 신앙의 배를 항구에서 멀찍이 떠나보낸 것 같은 심정이었다. 다른 정박지를 찾을 수 있을지, 안전한 항구를 찾을 수 있을지 알 수 없었지만 험한 파도 가운데 자신을 인도해 줄 존스 교수가 있다는 사실에 감사했다.

한편 부모님은 갈렙이 전공을 바꾸길 원했다. 갈렙의 성적은 특히 과학 과목이 형편없었다. 두 사람이 보기에도 아들은 야망은 크지만 의지가 부족했다. 의대 진학의 꿈은 접었다 하더라도, 아들이 '좋은 직업'을 얻을 수 있는 전공을 택하길 원했다. 법학이나 공학 같은 전공 말이다. 그런데 갈렙은 인종학을 마음에 두고 있었다. 부모님이 좋아하지 않을 것이 뻔했다. 지금 전공을 바꾸면 남들보다 1년 더 공부를 해야 하는데, 그 또한 부모님이 흔쾌히 여기지 않을 것이다. 그건 갈렙도 마찬가지였다.

하지만 이런 불확실한 미래보다도, 갈렙은 지금 당장 시도하려는 일에 더 초조함을 느꼈다.

머뭇거림

갈렙은 천천히 심호흡을 하며 망설이고 있었다. 그의 귀에는 빗방울이 바닥에 똑똑 떨어지는 소리밖에 들리지 않았다. 그 소리는 부드럽고 나직한 라디오 잡음처럼 들렸다. 그의 마음은 어느 쪽으로도 결정을 내리지 못하고 있었다.

애나는 도서관에 있었다. 개인 열람실에 앉은 애나는 책과 논문에 둘러싸인 채 노트북을 두드렸다. 세계화가 가난한 국가들에 미치는 긍정적인 영향과 부정적인 영향에 대한 보고서를 작성하는 중인데, 긍정적인 영향이 생각나지 않아 머리를 쥐어짰다. 갈렙은 애나에게 자신이 새롭게 발견한 신앙 이야기를 들려주고 싶었지만, 어디서부터 어떻게 시작해야 할지 몰랐다.

그는 조언을 얻을 수 있을까 싶어 친구 데이브에게 전화를 걸었다. 받지 않았다. 음성 메시지를 남기지 않고 전화를 끊은 다음 톰에게 전화를 걸었다. 받지 않았다. '에잇.' 문자 메시지를 두 사람에게 동시에 보냈다. "애나에게 예수님 이야기를 하려는데, 어떻게 생각해?"

갈렙과 애나는 이전에도 종교 이야기를 자주 했다. 하지만 애나가 화를 내거나 감정이 격해지면 어디든 숨고 싶었다. 물론 두 상태를 구분하기가 쉽지 않았지만 말이다. 그럴 때면 애나는 그저 어깨를 한 번 으쓱할 뿐이었다. 애나가 생각하기에는 그냥 이야기나 하던 중이었으니까. 한동안 신앙 이야기를 하지 못했다. '그 이야기를 다시 꺼내면 많이 어색할 거야. 그렇겠지?' 갈렙은 발을 앞뒤로 질질 끌며 망설였다. 머릿속에서 두 가지 생각이 싸우기 시작했다.

존스 교수와 나눈 대화가 그에게 큰 힘을 주었지만, 반면 다른 사람들과 나눈 대화는 썩 매끄럽지 않았다고 생각하자 용기가 나지 않았다.

갈등

"복음에 회의를 느끼는 거니?" 코빈 목사가 물었다. 목사는 줄무늬 셔츠에 잡힌 주름을 펴면서 의자에 똑바로 앉았다. 오늘처럼 머리를 단정하게 세워 고정하지 않았더라면 손가락으로 머리를 쓸어 넘겼을지도 모른다. 코빈 목사는 걱정스러운 표정으로 갈렙의 눈을 응시했다. 갈렙을 무척 사랑하고 아낀 나머지, 그가 교리적인 오해에 빠지는 걸 그냥 보고 있을 수 없었다.

4개월 전 일이었다. 갈렙은 목사님을 만나야겠다는 의무감이 들었다. 목사님을 만나 자신이 새롭게 깨달은 내용을 말하고 싶었다. 그래서 교회 2층에 위치한 코빈 목사의 사무실을 찾아갔다. 두 사람 손에는 사무실에서 내린 커피가 들려 있었다.

이때까지만 해도 분위기가 좋았다. 그런데 갈렙이 자신의 신앙 여정을 고백하고 나자, 사무실은 비가 내리는 바깥 날씨만큼 싸늘해졌다. 두 사람이 대화를 나누는 동안, 갈렙은 꽉 막힌 건물 안에 갇힌 듯한 느낌이었다. 갈렙이 앉은 접의자는 존스 교수 연구실에 있는 가죽 의자처럼 편하지 못했다.

"아, 네." 갈렙이 말을 꺼내자 코빈 목사가 미간을 찌푸렸다. "그러니까 제 대답은, 아니오. 그렇진 않아요. 하지만 비슷해요."

"형제, 복음은 아주 본질적이지." 코빈 목사가 손가락으로 성경을 두드리며 말했다. "복음을 믿지 못한다면, 무얼 믿지? 예수님이 우리 죄를 위해 돌아가시지 않았다면, 우리는 도대체 무얼 믿을 수 있을까? 복음은 신앙의 핵심이야."

"저도 알아요. 그런데 우리가 제대로 된 복음을 가지고 있지 않다면 어떡하죠? 그러니까, 온전한 그림 말이에요."

"무슨 뜻이지?" 코빈 목사는 여전히 미간을 찌푸린 채 책상 쪽으로 몸을 기울였다.

"우리가 현실에 안주하고 있는 거라면 어떻게 되죠?" 갈렙이 의자 끝에 걸터앉으면서 물었다. "예수님이 우리가 생각하는 것보다 더 많은 일을 하셨다면요? 그분의 메시지가 우리 죄를 대신해 돌아가셔서 우리가 죽은 다음 천국에 갈 수 있게 된 것 이상이라면요? 우리가 구별된 삶을 살고 선한 일을 해야 한다고 말씀하고 계신다면요?"

"형제는 지금 행위와 의의 문제에 대해서 말하는 거군." 코빈 목사는 흥분한 목소리로 말하기 시작했다. "우리는 행위가 아니라 믿음을 통해 은혜로 구원받았어. 그래서 아무도 자랑할 수 없지." 우리는 구원을 획득하는 것이 아니라 모두 하나님의 자비로 선물을 받은 것일세. 지금 형제는 천국에 가는 길을 우리 손으로 찾아야 한다고 말하는 것이 아닌가?"

"아니에요. 그런 말이 절대 아니에요. 그렇지만 우리는 **무엇 때문에** 구원받았죠? 우리도 가난한 자들을 돌아봐야 하지 않나요? 이것이 어떻게 복음에 들어맞나요? 우리는 다른 문화권에 있는 사람들과 화해하고 공의를 실천해야 하지 않나요? 남녀평등 문제는 어떤가요? 천국에 가는 것 빼고는 모두 부차적인 문제인가요? 죽은 다음 천국에 가는 것이 믿음의 전부인가요? 제 말은 예수님이 우리 죄만을 위해 죽으셨다면 우리도 사회 정의에 신경쓸 필요가 없다는 거죠. 수단의 대량 학살이나 미국의 이민법 같은 문제는 전혀 신경쓸 문제가 아니에요. 그렇죠?"

"사회복음을 이야기하는 건가?"

"예수님도 우리가 이런 일을 하기 원하지 않으실까요?" 갈렙의 목소리도 점점 더 날카로워졌다. "목사님 말씀에 따르면, 우리는 예수님을 닮을 필요도 없죠. 그냥 믿기만 하면 되니까요."

"그렇지. 아니, 그건 아니지. 그건 그런 말이 아니야."

"하지만 복음이 말하는 건…."

"복음은 예수님이 우리 죄를 위해 죽으셨다고 말하지. 다리 그림 기억하지? 우리는 죄 때문에 하나님과 멀어졌고…."

"예, 맞습니다. 하지만 저는 그게 복음의 전부라고 생각지 않습니다."

이어진 침묵 때문에 형광등에서 나는 '윙' 소리가 유난히 더 크게 들렸다. 벽에 걸린 코빈 목사의 신학 석사 학위증이 못마땅한 표정으로 자신을 내려다보는 것 같아 갈렙은 고개를 떨구었다. 충격으로 휘둥그레진 코빈 목사의 두 눈을 도저히 마주할 자신이 없어서 발끝만 쳐다보았다. 한참 뒤에 목사는 고개를 가로저으면서 자신의 어린 제자를 동정하는 듯한 표정을 지었다.

코빈 목사는 한숨을 내쉬며 말을 꺼냈다. "널 위해 기도할게. 문제가 있으면 언제든지 찾아오렴. 필요한 게 있으면 말하고. 기도하마."

갈렙은 사무실을 나왔다. 교회 문을 나선 그는 문 앞에 서서 예배당 벽을 어루만졌다. 이런 모습은 그에게도 예상 밖이었다. '내가 정신이 어떻게 된 걸까?'

코빈 목사는 갈렙의 멘토이자 친구였다. 지난 몇 년 동안 그의 후원과 격려가 큰 힘이 되었다. 갈렙을 지탱해 준 원동력이었다. '하지만 목사님은 더 이상 나를 이해하지 못해서.' 갈렙은 그에게 질문을 들고 가는 건 별로 안전하지 못하다고 느꼈다. 한밤중에 수도꼭지가 새는 소리처럼 마음속에 공허함이 울려 퍼졌다. 가슴이 답답하고 눈이 쑤셨다. 고개를 푹 숙인 채 빗속을 뚫고 주차장으로 힘없이 걸어갔다.

한편 사무실에 남은 코빈 목사는 양손을 머리 뒤로 깍지 낀 채 의자에 기대어 앉았다. 긴 한숨을 몰아쉬었다. '한때 지나가는 바람이어야 할 텐데.' 그는 갈렙을 찬양팀에서 빼지는 않을 것이다. 갈렙만 한 예배 인도자도 없을 뿐 아니라 찬양을 인도할 때나 리더 모임에서 그가 겪고 있는 혼란스러운 생각을 쉽게 이야기할 친구도 아니었다.

코빈 목사는 어떤 식으로든 그를 돕고 싶었다. '그냥 듣고만 있을 것을. 그랬으면 더 도움이 되었을 텐데.'

하지만 갈렙은 기독교 신앙의 기본 진리에 의구심을 품고 있었다. '갈렙이 어떤 결론을 내릴까? 교수라는 사람이 그에게 제대로 가르치고 있는 걸까? 그녀는 훌륭한 학자이지만, 지난번 교회 청년부에서 설교한 내용으로 짐작컨대 그녀 역시 자유주의 쪽이었다. 어떤 면에서는 갈렙이 중요한 문제를 지적한 것도 사실이다. 가난한 사람들을 사랑해야 하는 것은 당연하다. 예수님도 그러하셨다. 하지만 그것은 본질적인 것인가, 비본질적인 것인가? 그것이 복음의 내용인가? 그런 것 같지는 않다. 그렇더라도….'

코빈 목사는 악몽에서 깨어나기라도 하려는 듯 고개를 힘껏 가로저었다. 갈렙을 위해서라도 이 부분을 더 연구해야겠다고 생각했다. 그는 갈렙이 추천한 책의 제목들을 적어 두었다. 그렇지만 책 읽을 시간을 낼 수 있을지 막막했다. 새 학기가 이제 막 시작했고, 지금이 1년 중 가장 바쁜 때였다.

다시 책상 앞에 앉으면서 그는 갈렙이 애나와 자주 어울려서는 안 되겠다는 생각을 했다.

달

갈렙은 애나가 뭘 하는지 보려고 도서관으로 되돌아갔다. 도서관 입구 쪽으로 걸어가는데 갑작스럽게 날카로운 깨달음이 왔다. 마치 그의 영혼에서 줄다리기라도 하듯 저편에서 트럭이 잡아당기는 듯한 느낌이었다. 정신이 번쩍 들었다. '그래, 지금이 기회야.'

그는 잠시 멈춰 서서 자기 마음을 살폈다. 아마도 공부가 하기 싫어서 핑곗거리를 찾고 있는지 모른다. 아니면 카페인을 너무 많이 섭취해서 심장 박동이 더 빨라졌는지도 모르겠다. 하지만 그는 또다시 뭔가가 강하게 잡아당기는 것을 느꼈다. 아니, 이번에는 뒤에서 밀어붙이는 듯했다. 애나에게 신앙 이야기를 해야겠다는 결심이 섰다. 분위기가 어색해져도 어쩔 수 없다. 오히려 그 일을 감행하지 않으면 안 될 것 같은 강력한 기분이 들었다.

"주님, 도와주세요." 갈렙은 도서관으로 들어가면서 중얼거렸다.

열람석에 앉아 있는 애나를 찾아가 손으로 어깨를 두드렸다. 애나는 하얀 이어폰을 귀에서 뺐다.

"애나, 커피 한 잔 어때?" 그가 말했다.

"좋지. 세계화라면 이제 지긋지긋해."

두 사람은 가방을 메고 도서관을 나와 커피숍으로 향했다. 비는 그쳤지만 거리는 여전히 회색 담요를 두른 듯했다. 커피숍까지는 만만치 않은 거리였다. 하지만 그곳이라면 그 정도 걷기는 감수할 만했다.

커피숍에는 1층을 내려다볼 수 있는 탁 트인 작은 발코니가 있었다. 낡았지만 푹신한 소파, 나무 탁자와 안락의자가 마룻바닥에 드문드문 놓인 이곳은 학생들이 잠시 쉬어 갈 수 있는 안식처가 되어 주었다. 하지만 카페 드륀(café de Lune)에서 제일 맘에 드는 부분은 뭐니 뭐니 해도 천장이었다. 부드러운 조명이 반 고흐의 "별이 빛나는 밤"(The Starry Night)을 수작업으로 모사한 작품을 비춰 주었다. 그 작품 속에 그려진 희미한 달을 자세히 들여다보면 미소 짓는 얼굴이 그려져 있는 것을 볼 수 있는데, 갈렙은 그 얼굴을 보며 미소 지을 때가 많았다. 마음에 쏙 드는 곳이었다. 게다가 이곳에서는 공정무역 커피를 팔기 때문에 애나의 양심에도 거리낌이 없었다.

발코니가 만원이어서, 커피를 주문한 두 사람은 거리가 내다보이는 1층 밤색 안락의자에 자리를 잡았다. 스피커에서 존 메이어(John Mayer)의 노래가 흘러나오고, 탁상 램프의 오렌지색 불빛에 비친 애나는 한결 더 귀여워 보였다. '애나는 그리스도인이 아니야.' 그는 다시 한 번 마음을 다잡았다. 그는 데이트를 죄만큼이나 진지하게 생각했다. 누구를 만나든지 신앙이 그 중심에 있기를 원했다. 갈렙은 말문을 열기 위해 평소보다 더 정신을 집중해야 했다.

코끼리

"할 말이 있어." 갈렙이 입을 열었다.

"심각해 보이네, 케이." 애나가 언제부터 그를 그렇게 불렀는지 기억나지 않지만, 갈렙은 그 애칭이 마음에 들었다. "또 종교 이야기지? 그렇지?" 애나는 장난스럽게 눈웃음치며 말했다.

"맞아. 하지만 이번에는 좀 달라." 갈렙은 매번 자기가 하려는 말을 미리 알아차리는 애나가 신기하기만 했다. "우린 둘 다 교회에서 자랐어. 부모님에게서도 신앙 이야기를 들으며 자랐고. 그런데 난 우리가 속은 건 아닌가 하는 생각이 들기 시작했어."

애나는 쓴웃음을 지었다. 하지만 사뭇 진지한 갈렙의 태도에 웃음은 이내 사라졌다. 애나는 고개를 한쪽으로 갸우뚱했다.

"대체 무슨 말이야?"

"너도 기독교 신앙의 핵심 메시지를 알지?" 갈렙이 커피를 한 모금 마시며 물었다.

"알지." 애나가 대답했다. "뭐 이런 거 아냐? 완벽한 사람은 아무도 없다. 시험 볼 때 부정행위를 하거나 부모님께 거짓말하면 지옥에 간다. 그러니 착하게 굴어라." 애나는 초등학교 선생님처럼 손가락을 까딱거렸다. 그러고는 잠시 생각에 잠겼다.

"좋아." 애나가 말을 계속했다. "하나님은 아주 엄격한 부모님 같으셔. 우리에게 완벽한 삶을 요구하시지. 완벽한 학점도. 근데 우리는 엉망진창이라서 예수님이 우리 죄를 위해 대신 죽으셔야 했어. 내가 보기엔 희대의 아동 학대 사건이지. 아무 죄 없는 사람에게 그런 짓을 하다니. 어쨌든 그런 일이 있었어. 예수님이 우리 대신 죽으셨고, 그 덕에 우리는 천국에 갈 수 있게 되었어. 그렇지? 그리고 우린 모두 방언을 해야 해." 애나가 싱긋 웃었다.

"그래, 맞아. 마지막 문장만 빼고." 갈렙이 당황한 기색으로 말했다.

"왜 그렇게 심각해." 그러면서 애나는 갈렙의 어깨로 잽을 날렸는데, 움찔할 정도로 힘이 꽤 실린 펀치였다.

갈렙은 살짝 미소를 지으면서 크게 한숨을 내쉬었다. 혼자서 너무 심각했나 보다.

"꽤 센대." 어깨를 주무르며 갈렙이 말했다. "여자 치고 세단 뜻이야." 애나가 또다시 주먹을 들어 올렸지만, 갈렙은 얼른 손을 들어 항복하는 시늉을 했다.

"좋아. 좋아." 갈렙이 말했다. "하지만 나머지는 나도 동의해. 자, 그런데 그게 전부가 아니라면, 우리 부모님과 선생님들이 더 중요한 부분을 놓쳤다면 어떨까? 네가 말한 이야기를 핵심 메시지라 해 놓고 더 큰 그림, 더 중요한 그림, 즉 신앙의 핵심이라 할 만한 부분을 놓쳤다면 말이야."

"네가 무슨 소리를 하는지 잘 모르겠어."

갈렙은 잠시 생각한 다음 다시 이야기했다. "눈 먼 사람 넷이 코끼리를 묘사하는 힌두교 우화를 들어 본 적이 있을 거야. 한 사람은 다리를 만지면서 나무 같다고 했고, 다른 사람은 코를 만지면서 수도 호스 같다고 했지. 세 번째 사람은 꼬리를 만지면서 밧줄 같다고 했고, 마지막 사람은 몸통을 만지면서 벽 같다고 말했어. 같은 코끼리를 묘사하면서 제각각 다른 이야기를 한 거지."

"그래. 그 이야기 들어 봤어. 그래서 결국 모든 종교는 하나의 진리로 귀결된다잖아."

"음. 사람들이 본질적으로 같은 것에 대해 각자 다른 관점을 유지한다는 이야기를 하기 위해 이 비유를 사용하지. 하지만 내 생각은 달라. 같은 물건을 다른 방법으로 묘사했다기보다, 실은 제각각 사물을 왜곡한 거야. 지나치게 단순화한 거지. 코끼리는 나무가 아니야. 물론 벽도, 밧줄도 아니지. 그러니까 내가 궁금한 건 이거야. 오늘날 기독교도 똑같은 오류를 범하는 것이 아닐까? 꼬리만 만져 보고 그게 코끼리 전체라고 우기는 건 아닐까? 기독교 신앙을 지나치게 단순화하고 예수님이 진정 가르치려고 하신 중요한 부분을 놓치고 있다면 어떻게 되는 걸까?"

"지금 나한테 목사님들이 다 틀렸다고 말하는 거야? 기독교인들이 기독교 메시지를 전부 잘못 가르치고 있다는 말이냐고?"

"아니, 그게 아니라. 음, 맞아." 갈렙이 말끝을 흐렸다. "그렇게 표현하니까 너무 강한 느낌이 들긴 하지만, 네 말이 맞아. 그분들은 좋은 의도로 말씀하시지. 하지만 기독교인들은 복음을 자동차 범퍼에 붙이는 스티커 문구 정도로 전락시키고 말았어. '하나님은 당신을 사랑하시고 당신을 향한 놀라운 계획을 가지고 계십니다.' 아니면 '오늘밤 죽으면 천국에 가실 수 있나요?' 이런 식으로 말이야. 이렇게 복음을 지나치게 단순화하면 복음의 한쪽 측면만 전하게 돼. 그럴 의도는 아니었다고 해도 말이야. 우리는 큰 그림을 놓치는 셈이야."

"말도 안 돼. 그것이 예수님의 메시지인지 아닌지를 우리가 어떻게 구별할 수 있어?"

"글쎄. 우리 스스로 자료를 찾아 확인해 볼 수 있겠지. 성경을 능가할 목사는 없어. 그러니까 성경이 말하는 기독교 신앙의 큰 그림을 찾아볼 필요가 있겠지. 관심 있으면 내가 보여 줄 수도 있어."

애나의 얼굴에 긴장감이 서렸다. 마치 "동물의 왕국"에 나오는 표범이 순진하게 풀을 뜯는 영양을 막 덮치려는 찰나에 짓는 표정 같았다. 안타깝게도 그 순진한 영양이 바로 갈렙이었다.

신뢰

"잠깐만" 하고 애나가 말했다. "성경은 문제가 많아. 어떻게 성경을 신뢰할 수 있지? 성경은 인종차별주의자와 성차별주의자를 비롯해 여러 사람이 쓴 책이야. 실수하고 반목하는 사람들. 그중에는 자기 목적을 달성하려고 예수님을 이용한 사람들도 있어. 게다가 예수님이 돌아가시고 나서 한참 뒤에 쓰였잖아? 예수님이 실제로 무슨 말씀을 하셨는지 알 길이 없다고."

갈렙은 몸에서 열이 나기 시작했다. 눈썹에 땀방울이 맺히는 것 같았다. 그가 생각한 대화는 이런 게 아니었다. 밖에 나가 찬바람에 열기를 좀 식히고 싶었다.

갈렙의 휴대전화 벨이 울렸다. 데이브였다. 갈렙은 전화를 끄고 주머니에 전화기를 다시 집어넣었다. 외투를 벗고 한숨을 길게 내쉬었다.

"무슨 말인지 알겠어. 하지만 신약 성경을 역사로 신뢰하지 못한다면, 우리가 신뢰할 수 있는 역사는 거의 없다고 보면 돼."

"정말 그렇게 생각해?" 애나가 물었다. "역사에는 증거가 있어.

하지만 종교는 지나치게 한쪽으로 치우쳤다고!"

갈렙은 눈을 껌뻑거렸다. '저건 감정이 격해진 거야.' 그는 생각이 막히지 않도록 정신을 가다듬었다. 그런 다음 청바지에 두 손을 문지르면서 이렇게 말했다. "맞아. 종교가 편향적일 수 있지. 그렇지만 기독교인과 비기독교인을 불문하고 믿을 만한 학자들은 모두 예수님이 실제로 이 땅에 사셨던 분이라는 데 동의해. 우리 교수님들도 그렇게 말씀하시지. 게다가 신약 성경은 그 어떤 문헌보다 더 확실한 증거와 사본을 갖고 있어.[2] 신약 성경을 역사로 받아들이지 못하겠다면, 고대 사료 중에 믿을 게 하나도 없어."

애나는 팔짱을 낀 채 답했다. "나는 믿을 게 별로 없다고 생각해."

"하지만 때로 누군가를 꼭 믿어야 할 때도 있어. 문제는, 우리가 과거에 대해 아는 사실이 모두 신뢰에 기초한다는 거야. 우리가 어떤 역사를 믿는다면, 그 내용을 우리에게 정확하게 전달한 어떤 사람을 신뢰하는 셈이지. 정부나 대중매체는 못 믿더라도, 살아 남으려면 누군가는 신뢰해야 해. 부모님을 신뢰하지 않아도, 친구들은 대개 믿잖아. 아니면 선생님들. 누군가는 우리에게 진실을 말해 준다고 믿어야 해. 아무도 못 믿는다면 우리가 아는 게 뭔지 알 수 없을 거야. 왜냐하면 우리가 직접 경험하지 못한 것들에 대한 사실은 대개 다른 사람이 말해 준 내용에 기반을 두거든. 그러니까 우리에게 뭔가를 이야기해 주는 사람을 신뢰하든지, 아니면 아무것도 모르는 셈이 되지."

"그래, 맞아." 애나가 약간은 방어적으로 대답했다. "무슨 말인지 알겠어. 하지만 나는 아무것도 신뢰하지 않을 거야."

"그렇지만 성경 이외에 예수님의 생애와 가르침을 더 잘 알려 줄 만한 자료가 있을까?"

"계속해. 그 문제는 일단 넘어가자." 달리 대꾸할 말도 없으면서 갈렙의 말을 인정하고 싶지는 않은 모양이었다. 애나는 창밖으로 지나가는 차들만 바라보았다.

뉴스

'이야기가 잘 안 풀리겠는걸.' 갈렙은 발끝을 내려다보며 생각했다. 논쟁에서 이기고 싶은 생각은 추호도 없었다. 단지 대화를 하고 싶었을 뿐이다.

그는 옷깃을 열어젖혀 바람이 좀 통하게 했다. 커피숍 내부 공기가 평소보다 탁한 것 같았다. 음악도 평소보다 시끄러워서 스피커를 통해 요란한 기타 소리가 쿵쿵 울렸다. '음악 소리 좀 줄여 줄 수 없나?' 갈렙은 다시 정신을 집중했다.

"좋아. 다른 질문으로 넘어갈게. 예수님을 어떻게 생각해?"

애나는 갈렙을 빤히 쳐다보았다. "예수님은 좋아. 난 그저 기독교가 못마땅할 뿐이야."

애나가 예수님을 긍정적으로 생각한다는 말에 갈렙은 깜짝 놀랐다. 그는 커피잔을 꼭 붙잡고 몇 모금 마신 다음, 하나님께 다시 한 번 도움을 요청했다.

"좋아. 예수님이 왜 이 땅에 오셨는지, 무엇을 가르치려고 오셨는지 궁금하지 않아?"

애나가 고개를 끄덕였다. 조금 미심쩍다는 표정이었지만, 일단은 계속해 보라는 승낙으로 보였다.

갈렙은 다시 한 번 심호흡을 한 다음, 이렇게 말했다. "자, 그럼 한 번 시작해 볼까. 우선, 이 세상에 대해 이야기해 봐. 뉴스를 보면 어떤 소식들이 등장하지?"

"쉬운 문제네." 애나는 속사포처럼 답을 나열하기 시작했다. "수단의 대량 학살, 이라크 전쟁, 이스라엘과 레바논의 폭탄 테러, 세계 도처에서 일어나는 폭탄 테러, 쓰나미, 지진, 허리케인, 인종차별, 성차별, 강간당하고 살해당하는 여성들, 굶어 죽는 아이들, 북한…."

"그렇지. 그러면 이 세상이 엉망진창이라는 데 동의하지?"

"그야 물론. 그걸 모르는 사람이 있을라고."

갈망

커피숍으로 들어오는 연인의 모습에 갈렙의 시선이 머물렀다. 문을 열자 딸랑딸랑 종이 울렸다. 하지만 애나는 누가 들어오는 것도, 갈렙이 긴장하는 것도 눈치채지 못했다. 그저 갈렙의 대답을 기다리고 있을 뿐이었다.

갈렙의 휴대전화에서 '딩동' 하고 소리가 났다. 누가 문자 메시지를 남겼나 보다. 데이브 아니면 톰이겠지. 하지만 갈렙은 하던 이야기를 계속하고 싶었다.

"애나, 물론 더 중요한 질문이 있어. 그런 뉴스를 들으면 기분이 어때?"

"기분?"

"응. 그런 소식들을 들으면 마음이 어떠냐고?"

"아, 너무 좋지." 애나가 빈정대며 대답했다. "파티라도 한바탕 크게 열고 싶어져. 무장단체가 주최하는 대량 학살 콘서트 어때? 이웃 살인이 끝내 줘요." 애나는 양손 엄지를 치켜세우며 비아냥대는 투로 윙크를 했다.

"내가 바보인 줄 알아? 기분이 어떠냐니?" 애나가 다시 진지한 태도로 말했다. "화가 나고 슬퍼지지. 이래서는 안 되는데!"

"자, 봐봐. 정말 흥미롭지. 정상인이라면 기뻐 날뛰거나 좋아할 사람은 아무도 없을 거야. 더군다나 이런 일들이 자신과 가까운 사람들에게 일어났다면 말이야." 갈렙은 잠시 말을 끊었다가 계속했다. 갑자기 갈렙의 목소리가 달라졌다. "내 사촌 동생은 음주운전자 때문에 목숨을 잃었어. 겨우 열일곱 살이었는데. 있어서는 안 될 일이었지."

"미안해, 케이." 애나가 갈렙의 어깨에 손을 얹으며 말했다. "그런 일이 있는 줄 몰랐어. 언제 그랬던 거야?"

"몇 년 전 일이야." 갈렙이 대답했다. 사고 이후 시간이 꽤 흘렀지만 격한 감정이 올라와 스스로도 놀랐다. 어린 동생을 잃는 일은 두 번 다시 겪고 싶지 않았다. 뭔가 잘못되어도 한참 잘못되었다.

갈렙은 마음을 가다듬고 다시 이야기를 했다. "우리는 모두 뭔가 더 나은 것을 간절히 원해.³⁾ 그렇지 않니? 네가 잘 이야기해 주었어. 세상이 이래서는 안 되지. 만약 네 말이 옳다면, 그건 뭔가 시사하는 바가 있어. 무슨 말이냐면, 배가 고프다는 건 허기를 채워 줄 음식이 있다는 뜻이잖아. 목이 마르다는 건 갈증을 채워 줄 물이 있다는 뜻이지. 외로움을 느낀다는 건 관계가 필요하다는 말이야. 그러니까 더 나은 세상을 향한 갈망을 채워 줄 뭔가도 있어야 하지 않을까?"

애나가 갈렙의 어깨에 얹은 손을 내려놓으며 말했다. "그렇지만 세상 사람들은 자신에게 해로운 것들을 원해. 일례로, 약물 같은 것."

"그렇지. 하지만 그게 바로 내 생각을 뒷받침해 줘. 좋건 나쁘건, 우리 갈망을 채워 주는 뭔가가 있다고. 그렇지 않다면 우리는 그것을 갈망하지 않을 테니까. 그렇다면 더 나은 세상을 향한 갈망은 무엇이 채워 줄 수 있을까?"

애나는 잠시 위쪽을 쳐다보더니 얼굴에 미소를 지으며 말했다. "정의." 애나는 허공에 주먹이라도 휘두를 태세였다.

바로 그 순간, 갈렙은 존스 교수와 나눈 대화를 떠올리며 감사했다. "맞아. 하지만 복수나 보복 차원은 아니야. 알지?" 갈렙이 이야기했다. "올바른 삶과 올바른 관계가 사방에 충만한 상태를 말해. 이스라엘 사람들은 그걸 가리켜 '샬롬'이라고 하지. 모든 사람은 마음 깊은 곳에서 샬롬을 원해. 내 생각에, 정의를 향한 이 기본적인 욕구야말로 그것을 만족시켜 줄 뭔가가 이 세상에 존재한다는 사실을 증명해 주는 것 같아. 그런 세상이 옛날 옛적에 있었거나 아니면 앞으로 찾아올 거야. 올바른 관계가 충만한 그런 정의로운 세상 말이야. 기독교 세계관에 따르면, 그런 세계가 있었지. 이 세상이 처음 창조되었을 때에는 말이야…."

관점

존스 교수와의 첫 만남 이후, 갈렙은 일주일 뒤에 다시 그녀를 찾아갔다. 그즈음 시애틀은 날씨가 화창해서, 오후의 금빛 햇살이 비친 연구실은 마치 중세 시대 켈스 복음서(Book of Kells: 화려하게 장식된 중세 필사본 성경으로 세상에서 가장 아름다운 책들 중 하나로 알려져 있음-편집자 주)에 나오는 삽화의 한 장면을 연출하고 있었다. 갈렙은 의자에 자리를 잡았다. 그 의자는 머지않아 그가 세상에서 가장 좋아하는 의자가 되었다.

인사를 건넨 다음 갈렙이 말했다. "처음부터 시작하자고 말씀하셨죠?"

"그래." 교수가 말했다. "태초부터 시작하는 게 중요하단다. 그렇게 하면 모든 것을 세계관의 관점에서 볼 수 있거든. 세계관은 최소한 다음 네 가지 질문에 답을 준단다. 첫째, 왜 우리는 여기 있는가? 둘째, 우리의 문제는 무엇인가? 셋째, 해결책은 무엇인가? 넷째, 우리는 어디로 가는가? 알겠니?" 갈렙이 고개를 끄덕였다.

"좋아." 그녀가 계속해서 말했다. "이 모든 것은 이 세상에서 우리의 의미와 목적을 설명해 주지. 세계관을 의식하건 의식하지 못하건

간에, 모든 사람은 자기만의 답을 가지고 있단다. 하지만 너는 열린 마음을 유지해야 해." 그녀는 갈렙이 동의하는지 알고 싶어 그를 쳐다보았다.

"알겠습니다, 교수님." 갈렙이 대답했다.

해체

존스 교수는 갈렙에게 책상 쪽으로 더 가까이 오라고 손짓했다. 갈렙은 앞으로 다가갔다. 그의 마음은 주변에 윙윙대는 것이라면 모조리 잡을 준비가 된 파리통 같았다.

"갈렙." 그녀가 말했다. "지금은 질문이 아주 많을 거야. 질문은 좋은 거지만, 마치 건물을 부수는 데 쓰는 철구와 같아. 집이 녹슬고 낡으면 허물어야 하지. 그런 집에서 계속 살면 위험하거든. 그래서 철구를 가져다가 몇 번 왔다 갔다 하면 건물을 무너뜨릴 수 있지." 교수는 손을 움직여서 철구의 작용을 설명해 주었다. "집을 철거하는 건 쉽지 않은 일이야. 너는 거기서 자라면서 오랫동안 안정과 안식을 찾았지. 그러니 철구가 맘에 들 리 없어. 나는 그랬단다."

갈렙은 이해한다는 뜻으로 고개를 끄덕였다.

"하지만 좋은 소식이 있지. 네게는 이미 예수님이라는 기반이 있어." 교수가 계속해서 말했다. "철구의 공격에 골격은 다 무너지겠지만, 그 튼튼한 기초는 끄떡없단다. 하지만 네 집은 사라진단다. 지금 당장은 말이야." 교수는 이 대목에서 편안한 미소를 지었다. "하지만 이제 철구로 집을 무너뜨렸으니, 새로운 뼈대를 세울 차례야. 틀을 짠 다음 거기에 벽도, 천장도, 지붕도 얹어야지. 새 틀을 세우려면 처음부터 시작해야 해. 갈렙, 성경 가져왔니?"

청사진

"네" 하고 갈렙이 대답했다. 성경을 함께 살펴보자는 말에 마음속으로 '휴' 하고 안도의 한숨을 내쉬었다.

"자, 그럼 창세기 1장을 한번 펴 볼까." 존스 교수는 자신의 성경을 꺼내면서 말했다. "어떤 내용이 있는지 이야기해 볼래? 반복되는 단어나 구문이 있니?"

갈렙은 1장을 재빨리 훑어보면서 대답했다. "하나님이 이르시되…."

"그렇지." 그녀가 말했다. "그게 무슨 뜻인 것 같니?"

"하나님이 하셨다는 뜻이요. 하나님이 말씀으로 모든 것을 창조하셨다."

"옳지." 그녀가 환하게 웃으며 말했다. "하나님이 하셨지. 아주 중요한 점이야. 성경 저자는 창조가 우연이 아니라는 사실을 우리에게 알려 주고자 했어. 창세기와 비슷한 시기와 장소에서 나온 또 다른 창조 이야기에서는, 어느 신이 자신이 살해한 적신(敵神)의 유해에서 이 세상을 창조했단다.[4] 이 기사에 따르면, 우주를 청소하려는 노력의 일환으로 폭력에서 이 세상이 창조된 셈이지. 우주 창조는 계획에 따른 것이 아니라 즉흥적이었어."

갈렙은 동의하는 의미로 고개를 끄덕였다. 성경 기사는 고대 신화와 다를 뿐 아니라, 교실에서 배운 내용과도 달랐다. 우주가 어떤 의도를 가지고 창조되었다는 사실은 과거나 현재나 틀림없이 반문화적이었다.

존스 교수는 펜과 수첩을 꺼내 그림을 그리고는 이렇게 말했다. "맨 처음 세상은 이런 모습이었단다."

"좋아 보이네요" 하고 갈렙이 말했다.

그녀가 웃었다. "이스라엘 사람들은 세상의 창조에 대해 다른 개념을 가지고 있었어. 또 무슨 내용이 있지?"

목적

"그대로 되니라.…저녁이 되고 아침이 되니 이는 둘째 날, 셋째 날… 보시기에 좋았더라." 갈렙은 띄엄띄엄 성경을 읽어 나갔다.

하늘이 두 사람의 대화를 따라가는 모양이다. 짙어 가는 어둠이 하루의 마감을 알리고 있었다. 저녁이 되고, 아침이 또 올 것이다. 태양 대신 존스 교수의 에메랄드빛 탁상 램프가 방안을 부드럽게 비추었다. 겨울에는 4시 반이면 벌써 해가 떨어졌다.

"그 부분" 하면서 그녀가 끼어들었다. "그래. 좋았더라. 하나님이 세상을 의도적으로 지으셨다면, 세상을 위한 목적도 가지고 계셨을 거야. 창조 세계는 좋게 창조되었지. 자기 작품을 자랑스럽게 여기는 예술가처럼, 하나님은 세상과 만물을 바라보시며 그것들이 좋다고 생각하셨어. 세상은 그저 보기에만 좋았던 게 아니라 선한 목적을 위해 창조되었지. 이 세상은 서로 축복하는 땅이었어."

"무슨 말씀이세요? 어떤 종류의 목적이요?"

존스 교수는 잠시 생각에 잠겼다. 그러더니 은색 손목시계를 풀어 보였다. "이 시계를 두고 '좋은 시계'라고 하면, 무슨 뜻일까?"

"시간이 정확하단 말이겠죠."

"맞아. 이 시계가 어디에나 다 좋다는 뜻은 아닐 거야. 예를 들어 사자를 물리치는 데는 별 도움이 되지 않겠지. 물러서, 심바!" 그녀는 장난스럽게 시계를 흔들어 보이면서 말했다. "시계는 사자를 물리치는 물건이 아니지.[5] 시간을 정확하게 알려 주는 게 시계의 본분이야. 시간을 알려 주는 소기의 목적을 달성하면 좋은 시계인 거지. 마찬가지로 이 세상도 어떤 목적을 염두에 두고 지어졌어. 하나님이 보시기에 좋았다고 말씀하실 때는 이 세상이 그 목적을 이루고 있다는 뜻이야. 이해가 되니?"

갈렙은 고개를 끄덕였다. 하나님이 세상을 창조하셨다는 사실은 알고 있었지만 피조물의 목적에 대해서는 한 번도 생각해 본 적이 없었다.

"그러면 그 목적이 뭐지? 창세기 2:15에는 뭐라고 나와 있니?" 그녀가 물었다.

"여호와 하나님이 그 사람을 이끌어 에덴동산에 두어 그것을 경작하며 지키게 하시고."

"그렇지. 창조된 세상은 인류에게 축복이었어. 인간 또한 모든 피조물에게 축복으로 창조되었고. 우리는 지구를 보살펴야 한단다. 또 창세기 1:29을 보면, 이 지구도 인간을 돌보게 되어 있지. 지구는 우리에게 필요한 것을 공급해 주거든. 우리는 서로 보살피는 존재란다. 어떻게 생각해?"

"좋네요." 갈렙은 환하게 웃으며 대답했다. 그녀가 방금 들려준 이야기는 환경보호에 관한 신학적 근거를 제시해 준 셈이다. 시애틀 토박이인 그는 재활용을 철저하게 했다. 재활용은 이 도시에서 가장 중요한 일 중 하나다.

"좋아. 창세기 2:18을 읽어 보렴."

"사람이 혼자 사는 것이 좋지 아니하니 내가 그를 위하여 돕는 배필을 지으리라."

그녀는 그림 속에 있는 사람 형상을 가리켰다. 갈렙은 애나가 이 부분을 싫어할 것 같아서 주춤했다. "잠깐만요" 하고 갈렙이 말했다. "여자는 돕는 배필이 되어야 한다. 그 부분을 어떻게 생각하세요, 교수님? 성차별적인 발언은 아닌가요?"

"좋은 질문이야, 갈렙. 히브리어에서 '돕는 배필'이란 단어는 '구원하다'와 '강하다'라는 뜻을 지닌 두 단어의 합성어야.[6] 오늘날 우리가 부여한 보조자의 의미는 전혀 없지. 구약 성경에 이 단어가 스물한 번 나오는데, 그중 열일곱 번이 하나님을 가리키는 데 사용됐어. 하나님이 우리보다 약한 분이시니? 여성이 돕는 배필이라는 말씀은 강력한 구원자를 뜻하는 거야. 여성을 아주 중요하고 권위 있는 존재로 표현한 것이지. 여자가 남편을 원하고, 남편이 아내를 다스리게 된 것은[7] 타락 이후의 일이란다.[8] 저주를 받아서 그렇지, 원래부터 그런 것은 아니었어. 그래서 창조의 본래 의도를 아는 것이 매우 중요하단다."

'음' 하고 갈렙은 생각에 잠겼다. '애나가 이 말을 곧이곧대로 들을지 모르겠네.'

"여성은 남성에게 힘이 되어 주지. 그리고 창세기 2:23에서 남성은 여성을 인정해 줘. 창조 세계는 인간과 피조물이 서로 축복할 뿐 아니라, 같은 인간끼리도 축복하는 관계였어. 창세기 2:25에서 두 사람은 벌거벗었지만 부끄러워하지 않는 친밀감을 경험하지. 둘은 몸만 벌거벗은 게 아니라 감정과 경험과 영혼까지 벌거벗었지만 전혀 부끄러워하지 않았어. 이런 세상 어떨까?"

갈렙은 "너무 좋네요"라고 대답하다가 얼굴을 찌푸리며 입술을 깨물었다. 그녀가 오해하지 않길 바랐다. 하지만 정말로 그렇게 살고 싶었다. 부끄러움 없이 진정한 나답게 살 수 있다면.

"좋아." 그녀는 어색한 순간을 재치 있게 넘겼다. "정리를 해 보자면 첫째, 인간과 피조물이 서로 축복하고, 둘째, 사람과 사람이 서로 축복하지. 그래서 이 사람 형상이 서로 꼭 붙어 있는 거야. 셋째로 하나님과 사람도 서로 축복한단다." 이 말을 하면서, 그녀는 작은 원을

하나 더 그렸다.

"창세기 1:31에서 하나님은 인간을 창조하신 다음에 '심히 좋았더라'라고 하시면서 그때까지 남겨 두신 극찬을 해주셨지. 그전까지는 계속 '좋았더라'라고만 하셨거든. 하나님은 손수 만드신 사람들을 사랑하셨고, 그들과 함께 있기를 원하셨어. 사람도 마찬가지였지. 창세기 2:25에서 알 수 있듯, 그들은 하나님 앞에서 부끄러움이 없었단다. 하나님은 인간의 불순종을 아시게 된 때조차 그들을 찾으시며 '네가 어디 있느냐?'(창 3:9) 하고 물으셨지. 하나님은 우리와 함께하기를 바라셨단다. 사실, 우리와 어울리시기 위해 이 세상을 창조하신 셈이지. 원래는 서로 축복하는 관계로 지음을 받았단다. 이 세상 모든 것은 사랑과 평화, 정의에 기초했어. 모든 사람과 사물에게 복된 장소였지. 모든 피조물이 선을 위해 창조되었던 거란다."

그녀는 큰 원 바깥쪽에 '선을 위해 창조되다'라고 적어 넣었다.

'선을 위해 창조된 세상이라⋯.' 갈렙이 속으로 되뇌었다. 모든 것은 다른 모든 것의 선을 도모했다. 서로 축복하는 땅, 서로 축복하는 사람들, 서로 축복하는 신앙. 이 모두는 서로에게 유익을 가져다주려는 목적을 지녔다. 그리고 하나님은 이 모든 것의 근원이 되셨다.

"정말 멋진 세상이네요" 하고 갈렙이 말했다.

"정말 멋진 세상이었지" 하고 그녀가 말했다.

녹색 지구

커피숍에 앉은 갈렙은 커피를 한 모금 마셨다. 커피는 아직까지 식지 않고 따끈했다. 두꺼운 찻잔이 온기를 잘 보존해 주는 모양이다. 머리 위 스피커에서 U2의 노래 "야웨"(Yahweh)가 흘러나오고 있었다. 지금 이 순간을 위한 최고의 배경 음악이었다. 애나가 자신의 이야기를 기다리고 있다는 사실에 갈렙은 흥분이 되었다.

"이 세상이 시작되기 전에, 이 세상을 구상한 분이 계셨어." 갈렙이 이야기를 시작했다. "하나님은 사랑을 표현하시기 위해 사랑이 풍성한 예술가처럼 이 세상을 창조하셨지."

애나가 커다란 눈동자를 굴리면서 말했다. "그건 나도 다 아는 이야기야." 종교적인 대화를 못 견뎌 하는 애나의 성격상, 평소 같았으면 이쯤에서 벌써 대화를 중단했을 것이다. 그런데 오늘은 달랐다.

"그래, 그래. 조금만 기다려 봐. 이게 전부가 아니야." 갈렙이 말했다. 그는 존스 교수가 그려 준 첫 번째 원을 떠올렸다. "이 완벽한 세상에서 모든 사물은 서로 올바른 관계를 맺고 있었어. 처음에는 사람과 창조 세계가 사이좋게 잘 지냈단다."

갈렙의 목소리에 점점 더 힘이 실렸다. "사람들은 지구를 잘 보살폈어. 석유를 비롯한 천연자원을 고갈시키지도 않았고, 때이른 수확을 위해 열대 우림을 불태우지도 않았지. 강과 바다를 오염시키지도 않았고, 댐을 지어 생태계를 무너뜨리는 일도 없었어. 오염 물질을 대기 중에 방출하여 오존층을 망가뜨리지도 않았어. 사람들은 지구를 잘 돌보라는 하나님의 부르심을 받고 그대로 따랐지. 지구는 처음부터 우리 소유가 아니었기 때문에 지구를 잘 돌봐야 할 책임이 우리에게 있었던 거야."

수업을 마친 학생들이 우르르 커피숍으로 들어왔지만, 이번에는 애나도 갈렙도 신경쓰지 않았다. 애나는 환경 문제로 열변을 토하는 갈렙을 보면서 빙긋이 웃었다. 애나는 몸을 앞쪽으로 약간 기울여 무릎 위에 팔꿈치를 괴었다. 그리고 갈렙의 이야기를 주의 깊게 듣기 시작했다.

멋진 세상

갈렙은 커피숍 한구석에서 들려오는 시끄러운 소음에 더 이상 신경 쓰지 않았다. 요란한 음악 소리에도 아랑곳하지 않았다. 그는 푹신한 소파에 다시 몸을 묻었다.

"창조 세계와의 관계를 바로잡는 게 첫째라면, 둘째는…." 갈렙이 계속해서 이야기했다. "사람들과의 관계를 바로잡아야 했지. 원래 우리는 자신의 유익만 생각하거나 이기적이지 않았어. 다른 사람을 무시하거나 상대방에게 열등감을 주는 행위도 하지 않았지. 자신이 잘못한 일을 가지고 남을 비난하는 경우도 없었지. 남의 물건을 훔치거나 억압하지도 않았어. 뉴스에 등장하는 온갖 사건은 원래 계획에 전혀 없었던 일이야. 피부색으로 남을 폄하하거나 미워하는 일, 복수심이 빚은 대량 학살, 가난한 사람들을 등쳐 먹는 일 등은 생각할 수도 없었던 일이야. 우리는 서로 끔찍이 사랑했어. 부끄러움 없는 친밀감을 나누었지. 우리는 상대방에게 최선을 다했고, 함께 있는 걸 즐거워했단다."

"얼마나 멋진 세상이야." 상기된 얼굴과 진지한 표정과는 어울리지 않게, 애나가 살짝 비꼬는 투로 말했다. 애나도 실내가 좀 갑갑하다고 느끼는 걸까? 아니면 갈렙의 이야기를 새로운 시각으로 받아들이기 시작하고 있는 걸까? 그것도 아니라면, 갈렙처럼 애나의 심장 박동도 빨라지고 있나? 갈렙은 딴 데 정신이 팔리는 것을 막기 위해 정신을 가다듬었다.

"그래, 멋진 세상이지. 하지만 꿈같은 세상이 아니라, 실재하는 세상이었지. 우리가 바라는 그런 세상이었어. 너도 알다시피 집안이 늘 시끄럽잖아. 부모님은 절대 우리를 이해 못하시지. 그런데 만약 우리 가정이 원래 사랑과 적극적인 관심을 베푸는 곳이었다면 어떨까? 친구들이 우리에게 상처를 주지 않고 늘 믿어 준다면? 누구나 마음속 깊은 곳에 이런 갈망을 품고 있지. 상대방을 알고, 또 상대방이 나를 알아주기를 바라는 마음. 한때는 그런 세상이 있었지. 그때는 하나님이 의도하신 원래 세상의 모습을 그대로 간직하고 있었어."

"계속해 봐." 애나가 나직하게 말했다. 적잖이 경계심을 품은 눈초리였다.

"사람과 사람 사이의 관계가 더할 나위 없이 좋은 때였지." 갈렙이 계속해서 말했다. "이 사회도 마찬가지였어. 약한 사람을 이용하는 법이 없었어. 우리는 지구를 돌보고, 지구는 우리를 보호하면서 서로 섬기는 관계였어. 인도에서 일어나는 아동 착취나 태국에서 일어나는 성 노예제를 지지해 주는 사회제도 따위는 없었어. 주류 문화가 소수를 압박하거나, 대기업이 개발도상국의 자원이나 노동을 착

취하는 일도 금했지. 노골적으로 인권을 무시하는 정부도 있을 수 없었어. 세상의 모든 제도는 사람들이 서로 상처를 주지 않고 섬기게 하려는 목적을 위해 존재했단다."

"그랬겠지. 하지만 그 당시에는 두 사람밖에 없었잖아." 애나가 말했다.

"그래, 네 말이 맞아. 하지만 사람과 자연을 포함해서 모든 피조물의 관계는 상대를 이용하는 게 아니라 사랑하고 섬기기 위해 존재했어. 그건 확실해."

정리

애나는 갈렙의 이야기를 곱씹으며 정리해 보았다. 애나는 사회정의는 고사하고, 환경 문제를 이야기하는 기독교인을 만나 본 적이 없었다. 애나가 보기에 대부분의 기독교인은 자연이나 자원 문제에 눈곱만큼도 관심이 없고, 최신 전자 제품이나 영화, 블로그에 관심이 더 많은 듯했다. 주변 세상에 관심을 쏟기보다는 자기들끼리 파벌을 만들어 그 속에서 복닥거리면서 위선적인 노래나 부를 뿐이었다.

하지만 갈렙은 달랐다. 그는 애나의 관심사와 똑같은 문제를 가지고 열띤 토론을 하며, 다른 학생들의 관심을 이끌어내기 위해 끊임없이 노력했다. 그러면서도 이 문제를 종교적인 맥락에서 논의하고 있었다.

오늘 두 사람이 커피숍에 발을 내디뎠을 때, 애나는 갈렙이 드디어 '그 이야기'를 하려나 보다고 생각했다. 내심 그런 기대를 했던 것 같다. 그런데 갈렙은 다른 생각을 하고 있었다. 애나는 지금까지 종교 이야기를 너무 많이 들었고, 또 거부한 경험이 있어서 신물이 날 정도였다. 보통은 누가 하든 종교 이야기라면 가만히 듣고 있지를 못해서, 아예 이야기를 시작조차 하지 못하게 처음부터 잘라 버렸다. 하지만 갈렙이니까 계속하도록 내버려두었던 것이다.

물론, 애나는 갈렙의 이야기를 듣기 좋아했다. 그것이 종교에 관한 이야기가 되었다 하더라도 말이다. 그런데 오늘 갈렙은 하나님이 억압과 성차별을 비롯하여 모든 '주의'(-ism)로부터 자유로운 세상을 창조하셨다는 이야기를 하고 있다.

"세상이 이래서는 안 되는데"라고 애나가 말했고, 갈렙은 그 말에 동의했다. 그 말이 마치 생명을 불어넣는 호흡처럼 갈렙의 이야기에 활력을 주었다. 그리고 갈렙이 '가정'이란 말을 꺼냈을 때 아주 고요한 속삭임 같은 뭔가가 애나의 가슴을 휘젓는 듯한 기분이 들었다. 애나는 갈렙의 이야기가 점점 더 흥미로워졌다.

"좋아. 그 다음에는 무슨 얘기를 할 거야?" 하고 애나가 물었다.

친밀감

"사람들이 이 세상을 비롯해 사람과 올바른 관계를 맺고 있었다면, 또한 모든 관계 중에서 가장 중요한 관계, 곧 하나님과도 관계를 맺고 있었어." 갈렙이 이야기를 다시 시작했다.

애나는 대개 이쯤에서 끼어들어 상대방의 이야기를 막았지만, 오늘은 인심을 좀 쓰기로 했다. 애나는 잠잠히 친구의 이야기를 계속 들어주었다.

"창조 때에 우리에게는 하나님께 대한 잘못된 두려움이 없었어." 갈렙이 말했다. "우린 기독교인들이 종교를 빌미로 사회정치적인 압력을 가하면서 우리를 기만할까 봐 걱정하지 않았지. 하나님이 진짜 내 모습을 아신다면 진노하실지 모른다는 두려움에 빠지지도 않았어. 모든 것이 그분의 계획대로 창조된 그때에 하나님과 우리는 두려움이 없는 친밀한 관계를 누렸단다. 하나님은 우리를 사랑하셨고, 우리도 하나님을 사랑했어. 하나님과 우리의 관계는 이 세상에서 가장 소중한 관계였지…."

갈렙이 말끝을 흐렸다. 텔레비전에 나오는 부흥사처럼 보이기 싫어서 그는 이야기를 요약하기 시작했다. "모든 창조 세계는 선을 위해 지음받았어. 하나님은 보시고 '심히 좋았더라'라고 하셨지. 이 세상은 선한 존재로 타고났고 선한 목적을 위해 창조되었어. 어떻게 생각해?"

"내가 생각했던 것보다 형편없진 않은걸." 애나가 대답했다. "게다가 환경과 정의 문제를 논한 부분이 맘에 들어."

애나는 커피를 한 모금 마시면서 말했다. "우리가 사는 세상이 그렇게 멋졌는데, 도대체 무슨 일이 벌어진 거지? 왜 이렇게 세상이 변해 버린 거야?"

갈렙은 함박웃음을 지으며 눈썹을 치켜올렸다. 그러고는 능글맞은 목소리로 대답했다. "훌륭한 질문 고마워."

애나는 영문을 몰라 눈만 깜박거렸다.

주교관

늦은 점심을 먹으러 온 사람들이 빠져나가면서 커피숍은 썰렁해졌다. 학생 몇 명만 남아 공부를 하고 있었다. 탁자 위에 놓인 빈 커피 잔이 그들이 자리값을 정당하게 치렀음을 말해 주고 있었다.

'애나가 아직 내 얘길 잘 듣고 있네.' 갈렙이 생각했다. 그가 기대한 대화 수준은 애초부터 높지 않았다. 애나가 그의 말을 막으며 예수님 이야기를 다시 꺼내지 말라고 하지만 않는다면 오늘 대화는 성공이었다. 낮은 기대치가 때로 유용할 때도 있다. 하지만 애나는 정말로 갈렙의 이야기에 관심이 있는 듯했다.

"그러니까 이 세상과 만물은 모두 선하게 창조되었어." 갈렙이 말했다. "하지만 사람들은 그렇게 좋은 곳에서도 만족을 몰랐지. 사람들은 남의 밑에 있는 것을 아주 싫어해서 누군가 자신의 삶을 주관하는 걸 못마땅해했어. 이 세상을 운영하실 분은 당연히 하나님이신데도 말이지. 사람들은 그분 대신 스스로 세상이라는 배의 선장 노릇을 하고 싶었어. 자기 스스로 인생을 책임지고, 창조주의 자리를 꿰차려 했지. 사람들은 자기 잇속을 챙기기에 급급했고 자신의 목적과 쾌락을 위해 세상 모든 것을 악용하기 시작했어."

"하지만 모든 사람이 그런 건 아니잖아." 애나가 말했다. "지금 모든 인류가 다 자기 자신밖에 모른다고 말하는 거야?"

"왜, 말이 안 되는 것 같아?" 갈렙이 질문으로 응수했다. "이렇게 한번 생각해 봐. 네가 하는 일들 말이야. 그것들을 왜 하는 거지? 왜 학교에 가? 직업은 왜 구하지? 오늘 그 옷을 왜 입었어? 영화를 보고 CD를 사는 이유는? 왜 그런 친구들을 사귀어? 이런 질문에 넌 뭐라고 대답할 수 있을까? 다 너 자신을 위해 그러는 거 아냐?"

"음, 그냥 이유가 필요 없는 일도 있는 거야." 애나가 이의를 제기했다. "우린 학교에 가야 하고, 직업이 필요해. 그렇게 해서 다른 사람을 도울 수도 있지. 옷은 입어야 하고, 영화나 CD도 다 필요해서 그런 거야. 물론 미국인들이 소비가 심한 것은 사실이지만, 나도 나름대로 애쓰고 있어. 그리고 친구가 필요 없는 사람이 어디 있니? 하지만 나도 그러면서 사람들을 돕고 싶어." 애나가 또다시 조금 약이 오른 듯했다.

갈렙은 자기가 심했다고 생각했다. 애나는 다른 사람들보다 자기 선택에 신중했고, 남들은 개의치 않는 문제를 위해 싸우는 친구였다. 애나는 진심으로 남을 돕기 원했다. 특히 힘없는 사람들을 보호하려고 애썼다.

어리석은 갈렙. 갈렙은 머리에 주교관을 쓴 채 도금한 비난의 손가락으로 애나를 가리키고 있었다. 자기 의라는 보좌에 앉아 애나의 이기심을 철저히 파헤치려는 심산으로 말이다. 하지만 갈렙이 아는 수많은 기독교인 중에는 애나보다 더 이기적인 사람도 많았다. '그래, 사람은 이기적이지. 하지만 기독교인이든 비기독교인이든 **모든** 사람이 다 이기적인 것은 아니야.' 그는 손가락을 구부려 자신의 마음을 겨냥해야 할 판이었다. 머리 위 벽화 속 달이 계속 미소 짓고 있었다.

선지자

"미안해, 애나." 갈렙이 말을 꺼냈다. "내 잘못이야. 내가 바보 같았어. 네 답이 더 정확해. 너는 늘 다른 사람을 도우려 하지. 그건 훌륭한 거야. 다시 한 번 미안해."

애나는 사과를 받아들였다. "좋아. 다음번에는 또다시 그렇게 우쭐대지 않도록 해. 안 그러면 내가 너를 또 끌어내려야 하니까." 애나는 미소를 띠며 갈렙을 슬쩍 밀었다.

갈렙이 크게 웃었다. "알았어. 그런데 넌 왜 이 세상에 악이 존재한다고 생각하니?"

"꽤 거창한 질문인데, 소크라테스. 글쎄, 악에 대해서는 잘 모르지만, 사람들은 남을 억압하고 상처를 줘서 자신의 이득을 얻는 게 아닐까."

"무슨 뜻이야?" 갈렙이 물었다. 질문을 던지자마자 애나가 정답에 가까운 답을 내놓아서 내심 놀랐다.

"악순환을 이야기하는 거야. 사람들은 물불 가리지 않고 끊임없이 남을 밟고 올라가지. 미친 짓이지. 돈이 그 이유 중 하나야. 사람들은 돈을 좀더 벌겠다고 다른 사람에게 해를 입혀. 총과 마약, 매춘과 아동 매매로 돈을 벌지. 자기 호주머니를 채우려고 생명을 무참히 짓밟아. 그들 모두 지옥에 가야 해. 심지어 정부도 석유 때문에 다른 나라에 폭탄을 투하하고, 대기업들은 환경을 오염시키지. 그게 싸게 먹히니까. 혹시 데모 중에 죽은 인도 농민 2만 5천 명의 이야기를 들어 본 적 있니?"

애나는 울분을 삭히지 못한 채 말을 이었다. "10년 전쯤, 세계은행이 인도에 '경제'를 살리는 길이라며 종자(種子) 산업을 개방하라고 압력을 넣었어.¹⁾ 미국 기업들은 자연적으로 재생산되는 목화씨를 유전자 조작 품종으로 대체했지. 다음해 경작을 위해 씨앗을 일부 남겨 두었던 인도 농민들은 더 이상 그것을 사용할 수 없게 되었어. 대기업으로부터 종자와 비싼 살충제를 구입해야 하는 바람에 수입은 줄고 빚만 늘어났던 거야. 살길이 막막해져 거리에 나선 이들이 서로 죽이기 시작했어. 그게 압제지 뭐야! 부패한 정부와 불공평한 법도 한몫해서, 억압과 불공평은 세계 곳곳에 만연해. '어느 한 곳에서 일어나는 불의는 모든 곳에 존재하는 정의를 위협한다.'²⁾ 마틴 루터 킹 목사의 말이야."

옛 선지자처럼 애나의 목소리가 격앙되었다. 갈렙은 애나를 통해 성령의 음성을 듣는 듯했다. 애나의 말을 바다 속에 던지면, 진리와 함께 가라앉으면서 물결이 일어날 것 같았다. 갈렙은 애나의 말에 전적으로 동의하진 않지만, 애나의 이야기에는 배우고 마음 아파하고 기도하며 실천해야 할 내용이 꽤 많다고 생각했다. 하지만 애나가 정치에 대한 소견을 밝힐 때는 마음이 편치 않았다. 갈렙보다 훨씬 더 좌파적인 성향이 강했기 때문이다. 그는 자유주의자가 될 생각은 없었다. 종교와 정치에서 자유주의가 의미하는 바는 각기 다르지만, 어느 쪽이건 대화를 어렵게 만드는 요인임에 틀림없다.

명백한 잘못

애나는 자세를 고쳐 앉으면서 자신의 주장을 계속 펼쳤다. "또 다른 예로 폭력을 들 수 있어. 폭력은 또 다른 폭력을 낳지. 복수는 또 다른 복수를 불러와. 네가 남의 어머니나 형제를 살해한다면, 그들은 네게 혹은 너희 나라에 똑같이 복수하려 들겠지. 종교도 별 다를 바가 없어. 우간다의 '신의 저항군'(Lord's Resistance Army)은 어린이를 납치한 다음 세뇌해서 사람을 죽이고 강간하는 것이 신의 뜻이라고 가르치지. 또 다른 악순환이 계속돼. 세상은 뒤죽박죽 엉망이야."

갈렙에게 좋은 생각이 떠올랐다. "그런데 왜 그런 일을 그만두지 않지?" 그가 조용한 목소리로 물었다.

"무슨 말이야, 케이? 그들은 나쁜 사람들이라고." 애나는 갈렙을 바보 취급하며 쏘아붙였다.

"그렇지만 누가 나쁜 사람인지 아닌지 우리가 어떻게 알 수 있어?"

"다른 사람을 억압하니까. 그건 **잘못된** 일이잖아!" 대답하는 애나의 눈에 분노가 서렸다.

"그래, 무슨 말인지 알아. 하지만 많은 사람이 남의 일에 간섭해서는 안 된다고 생각해. 그런데 정말로 사람들이 자신이 옳다고 생각하는 대로 해도 좋은 걸까? 그 사람은 그 사람 기준대로 살고, 나는 내 기준대로 살면 아무 문제가 없을까? 그건 아니지. 어느 한 사람의 기준이 다른 사람에게 해를 줄 수도 있으니 말이야. 예를 들어, 돈벌이가 되니까 성매매는 괜찮다고 생각하는 사람이 있다고 하자. 하지만 수많은 여성이 성매매에 희생돼. 아비규환이 따로 없어. 이렇게 명백하게 **잘못된** 일도 있지만, 그럼에도 불구하고 남을 판단할 때는 신중해야 한다고 생각해."

"그래, 하지만 그 경우는 달라." 애나가 말을 잠시 멈추었다. 갈렙이 무슨 이야기를 하는 줄 알지만, 인정하고 싶지 않았다. 애나는 반드시 변해야 할 사람들이 있다고 믿었다. 그런 사람들은 정의 문제에 관여하고 소비 습관을 바꿔야 한다. 하지만 그들은 변하지 않는다. 그것이 애나의 심기를 불편하게 했다. 노동 착취 공장에서 제조한 스웨터가 있을 것이다. 그런 공장들은 아동 학대와 착취에 일조한다. SUV를 구입하는 사람들은 자신들의 안락과 안전을 위해 타인과 환경을 위태롭게 만들고 있다. 특정 다이아몬드를 구입하는 사람들은 전쟁 자금을 대려고 아프리카 광산에서 어린이들을 혹사시키는 사람들을 지지하는 셈이다.

그러나 애나 역시 남들이 자기더러 이래라저래라 하는 것은 딱 질색이었다. 특히 종교 문제는 더욱 그랬다. 누가 옳고 누가 그른지 어떻게 알 수 있는가? 그럼에도 불구하고 애나는 명백하게 잘못된 것들이 있다는 점은 부인할 수 없었다. 그렇다면 명백하게 옳은 것들도 있을지 모른다.

엉망진창

"어쩌면 네 말이 맞는지도 몰라." 애나가 못마땅한 얼굴로 말했다. "나도 딴 사람이 내 인생에 쓸데없이 참견해서 이래라저래라 지적하는 거 싫거든. 앞뒤가 안 맞는 말이라는 거 알아. 남이 내 인생에 간섭하는 게 싫다면, 나도 남의 인생을 참견할 권리는 없지. 누가 봐도 명백한 잘못을 저지른 사람이라 하더라도 말이야. 그건 모순이라고."

갈렙은 애나가 스스로 순식간에 이런 결론을 내리는 것을 보고 놀라움을 금치 못했다.

"맞아." 갈렙이 말했다. "분명히 잘못되고 악한 일들이 있기 마련이니까. 너무 뻔한 이야기처럼 들리겠지만, 사람들은 남을 사랑하지 않기 때문에 악한 일들을 범해. 자기 욕구만을 고려해서 결정을 내리지. 어떤 의미에서는 스스로 신이 되려는 게 아닐까? 자기 잇속을 챙기기 위해서 남들이 고통받는 것은 아랑곳하지 않아. 그건 옳지 않지. 이게 바로 악이야."

갈렙은 자신이 안절부절못해서 손에 들린 커피가 소용돌이치는 것을 내려다보았다. 그는 고개를 숙인 채 이렇게 말했다. "정직하게 내 삶을 살펴보면, 나도 그들과 별 다를 바가 없어. 마음속 깊은 곳에서는 내가 사랑할 수 있고 또 마땅히 사랑해야 할 사람들을 사랑하지 않지. 오히려 내 이익을 챙기기 위해 다른 사람들을 이용하는 일은 식은 죽 먹기였어."

"이봐, 케이. 넌 바른생활 사나이잖아." 이번만큼은 애나도 비꼬려는 의도가 아니었다.

"아냐, 그렇지 않아." 갈렙이 천천히 말했다. "얼마나 안 좋은 생각을 많이 하는데. 그저 실천에 옮기지 않을 뿐이야. 며칠 전에 우리 교회 목사님께 정말 화가 났어. 벌써 이런 일이 몇 번째인지. 나만 옳고, 목사님은 편협해서 전체 그림을 보시지 못한다고 생각했어. 목사님은 정말 좋은 분이셔. 하지만 내 맘을 몰라주실 때도 있지. 그렇다 해도 그분을 판단한 건 그분을 억압한 거나 마찬가지야. 사람은 누구나 어떤 식으로든 남을 억압할 수 있는 힘을 가지고 있는데, 나는 마음속으로 그분을 억압한 거지. 그분을 진심으로 사랑하지 않았기 때문이야. 적어도 그 순간에는 말이야. 물론 주먹이나 권총을 사용하진 않았어. 몽둥이와 돌은 뼈를 부러뜨리지만, 말은 영혼에 상처를 남기는 법이지. 나도 남들보다 하나도 나을 게 없어."

"그렇다면 우리 모두가 엉망진창인 셈이네. 누구나 다 마찬가지니까."

"그게 바로 문제야. 내가 잘못된 일을 그만둔다 하더라도 주변 사람들을 제대로 사랑할 수 없어. 네 말이 맞아. 우리 모두가 엉망진창이야. 그래서 세상이 이렇게 돼 버린 거라고. 주위를 좀 봐. 악이 만연해. 우리 주변에도, 우리 안에도. 우린 그동안 아무렇게나 방치되었고, 이제는 사회 구조와 우리를 억압하는 사람들에게 맞서 싸울 때 도와줄 자원이 필요해. 우린 자기 자신과도 싸워야 하지. 마땅히 해야 하는 일인 줄 알면서도 하지 않는 경우가 너무 많거든."

"그러니까 네 말은, 나도 문제의 일부이면서 그걸 모르고 있을 수 있다는 거야?" 애나는 창밖으로 시선을 돌려 지나가는 사람들을 바라보았다.

엔진

존스 교수와 갈렙은 김이 모락모락 나는 페퍼로니 버섯 피자와 샐러드, 음료수를 앞에 두고 앉아 있었다. 교수는 자신의 피자에 칠리소스를 약간 뿌렸다.

이 날은 두 사람이 세 번째로 만난 날이었다. 존스 교수는 집에 도시락을 놓고 왔다는 핑계로 갈렙과 점심식사를 함께했다. 구름 뒤로 해가 나기 시작했기 때문에 두 사람은 걸어서 학교 앞 피자 가게로 향했다. 시애틀 시민들은 해가 날 때마다 일광욕할 기회를 놓치지 않았.

그 가게는 이탈리아 영화 포스터가 벽에 붙어 있고, 여기저기서 이탈리아 억양이 들리는 전형적인 피자 가게였다. 인테리어가 근사한 곳은 아니지만 동네 최고의 뉴욕 스타일 피자도 맛볼 수 있는 곳이었다. 피자 조각을 접어 칼조네(밀가루 반죽 사이에 고기, 치즈, 야채 등을 넣고 만두처럼 만들어 오븐에 구운 이탈리아 요리–편집자 주)처럼 만들어 푸짐하게 즐길 수 있었다. 늦은 오후였는데도 가게는 만원이었다. 존스 교수는 이 가게가 피자 소스에 마약을 넣는 게 틀림없다고 농담을 했다. 일단 맛을 보면 제정신을 못 차리고 "한 조각 더!"를 외치게 만드니 말이다.

식사 후 그녀는 재빨리 성경 두 권과 자신의 수첩을 탁자 위에 올려놓았다. 그녀는 지난번 만남에서 그린 동그라미 옆에 두 번째 동그라미를 그려 넣었다. 이 동그라미에는 삐뚤삐뚤한 선이 둘러져 있고, 중심에는 사람 형상이 있었다.

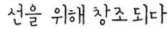

"시작하기 전에 먼저 복습부터 하자." 그녀가 말했다. "먼저, 하나님이 이 세상을 설계하셨어. 그분은 그 누구보다 더 이 세상이 어떤 모습이어야 하는지 잘 아시지. 내가 최신 혼다 자동차의 엔진을 설계했다고 상상해 봐. 너무 엉뚱한 비유라는 거 알아. 나도 차에 대해 좀 잘 알면 좋으련만. 얼마 전에도 브레이크랑 로터를 교환하느라 700달러나 썼어."

갈렙은 얌전히 듣고 있었는데, 교수가 갑자기 폭소를 터뜨리면서 탁자를 쳤다. "내가 너무 불평이 심했나? 어쨌든 내가 만약 차 엔진을 설계한 사람이라면, 엔진 각 부분이 어떻게 작동해야 하는지, 다른 부분과 어떻게 어우러져야 하는지, 최적의 상태를 유지하려면 엔진에 뭘 넣어야 하는지, 어떤 고장이 있을 수 있는지 가장 잘 알지 않겠니? 설계자만큼 엔진 유지와 작동법에 대해 잘 아는 사람은 없을 거야." 갈렙이 고개를 끄덕였다.

"좋아. 마찬가지로 하나님이 이 세상과 만물을 설계하셨다면 각 부분이 어떻게 작용하는지, 다른 부분과 어떻게 어우러져야 하는지, 이 아름다운 세상을 유지하려면 어떤 조치가 필요한지 가장 잘 아실 거야. 그런데 만약에 하나님이 엔진의 핵심 부분을 엔진에게 줘 버리시면 어떻게 될까? 엔진이 어떻게 돌아가건 상관없이 스파크 플러그 같은 부속품들이 제멋대로 발화하게 내버려두신다면 어떻게 되겠니? 스파크 플러그가 정상적으로 자동 발화하기를 바라지만, 오작동해서 엔진을 망가뜨릴 가능성도 배제할 수 없지."

"지금 자유 의지에 대해 말씀하시는 건가요?" 갈렙이 말했다.

"맞아. 자유 의지. 하나님은 우리에게 엄청난 권한을 주셨어. 선을 택해서 복을 받든 악을 택해서 저주를 받든 그것은 우리 권한에 달렸어. 하나님은 이 지구가 제대로 돌아가도록 가이드라인을 세우셨지만, 사람들은 그것을 택할 수도 버릴 수도 있는 자유가 있어." 그녀는 피자를 한 입 베어 먹었다.

"그런데 하나님은 왜 그런 위험을 감수하려 하시나요? 그러니까 제 말은, 사람이 항상 옳은 일만 하도록 만드셨으면 더 좋았을 텐데요. 그러면 오늘날과 같은 문제는 없었을 텐데 말이에요. 그렇지 않나요?"

"그럴지도 모르지. 하지만 하나님은 우리를 무척 사랑하셔서 그런 식으로 통제하기를 원치 않으신단다. 음, 어떻게 설명을 해줄까? 혹시 사랑해 본 적 있니?"

갈렙은 어떻게 대답해야 할지 몰라서 순간 온몸이 굳어 버리는 듯했다. '고등학교 때 만나던 여학생이 있기는 했지만, 그걸 사랑이라고 할 수 있을까? 존스 교수가 말하는 사랑이란 어떤 것일까?'

"사랑에 빠진 사람은 상대방이 늘 잘되기를 바라지." 그녀가 말문을 열어 갈렙을 곤경에서 구해 주었다. "상대방을 돕는 일이라면 물불 가리지 않아서, 때로는 자신에게 상처를 줄 정도지. 그 대가로 바라는 것은 오로지 상대방의 사랑밖에 없어. 그렇지만 사랑을 강요할 순 없어. 아무리 많이 사랑한다고 해도 상대방이 나를 사랑하게 만들 수는 없단다. 그러니까 상대방이 사랑해 주기를 바라거나 기다리거나 믿어 주는 거지. 하나님도 마찬가지야. 우리에게 어떤 일을 강제로 시키시지 않는단다. 다만 우리 마음을 감동해서서 우리가 그분을 사랑하기를 기대하실 뿐이지. 우리의 자유 의지를 침범하시지 않는 거지. 그렇지 않다면 우리를 사랑하신다기보다 조정하신다는 말이 더 맞겠지."

"그러면 예정은 어떻게 된 거죠? 하나님이 만사를 다 주관하시지 않나요? 만약 교수님 말씀이 옳다면, 어떻게 하나님이 세상을 주관하실 수 있나요?"

"그건 아주 어마어마한 문제란다." 그녀는 피자를 접시에 내려놓고 양팔을 최대한 벌리면서 대답했다. "필요하면 나중에 다시 이야기하자꾸나. 우선은 이 이야기부터 마치고."

갈렙은 눈썹을 찌푸리고는 빈 접시를 내려다보았다. 예정에 대한 의문을 해결하지 않고서 다음 이야기로 넘어갈 수 없을 것 같았다. 학자들 사이에서 수백 년 동안 논란이 분분했던 문제라는 점은 그도 잘 알고 있었다.

"좋아." 그녀는 포기했다는 듯이 한숨을 내쉬며 말했다. "지금 잠깐 이야기하고, 나중에 더 자세하게 이야기하도록 하자꾸나. 하나님이 물론 세상을 주관하시지. 성경에도 나오잖아. 하지만 인간에게도 자유 의지가 있어. 성경에 그 사실도 나오지. 내 생각엔 하나님이 온전히 주관하시지만, 우리도 온전히 자유 의지를 가지고 있는 것 같아. 우리가 신인 동시에 인간이신 예수님의 역설을 안고 살아갈 수 있다면, 우리가 영원에 들어가는 것도 온전히 하나님의 선택인 동시에 우리의 선택일 수 있지. 무슨 말인지 이해되니?"

갈렙은 납득이 되지 않은 구석이 좀 있긴 하지만 그래도 당장은 넘어가도 괜찮을 것 같았다. 지금까지 들은 내용 중에 가장 아리송한 부분이어서 머릿속으로 재빨리 메모를 하나 남겼다. '예정 문제에 대해 나중에 다시 질문할 것.' 그러고는 그녀의 말에 다시 주의를 집중했다.

타락

갈렙이 피자를 한 조각 더 먹을까 말까 고민하는 동안 존스 교수는 음료수를 한 모금 마셨다. 피자 한 조각을 이미 게눈감추듯 해치웠지만, 교수님 말씀을 방해하고 싶진 않았다. 그래서 피자 대신 음료수만 벌컥 들이마셨다.

그녀는 계속해서 말했다. "그래서 우리에게는 하나님을 따르느냐, 자신의 충동을 따르느냐를 결정할 수 있는 자유 의지가 있어. 창세기 앞부분을 보면 인류는 후자를 택했지. 창세기 3장에서는 뱀이 하와를 꾀어 하나님의 창조 계획을 의심하게 만들었지. 그러고는 마지막 한 방을 날렸어. 창세기 3:4-5을 한번 보렴."

갈렙은 큰 소리로 그 부분을 읽었다. "뱀이 여자에게 이르되 너희가 결코 죽지 아니하리라 너희가 그것을 먹는 날에는 너희 눈이 밝아져 하나님과 같이 되어 선악을 알 줄 하나님이 아심이니라." 갈렙이 읽기를 중단하고 말했다. "저는 항상 이 부분에 의구심이 들었어요. 왜 하나님은 아담과 하와가 선악을 아는 것을 원치 않으셨을까요? 하나님은 두 사람이 선악의 차이를 분별할 수 있기를 바라지 않으셨을까요?" 갈렙은 전에도 이 질문을 던진 적이 있지만, 제대로 된 답변을 들은 적이 없었다.

"좋은 질문이야. 하나님은 우리가 선악의 차이를 알기 원하셨단다. 이미 우리에게 그것을 알 수 있는 명령을 주셨지. '이 나무의 열매를 먹지 마라.' 사람들은 무엇이 선이고(하나님의 계획에 따르는 것), 무엇이 악인지(하나님의 계획에서 벗어난 것)를 알기 시작했어. 여기서 선한 것은 이 땅에도 유익한 것을 말해. 기억나니? 엔진의 설계자이신 하나님은 창조 세계가 잘 운영되려면 무엇이 필요한지 가장 잘 아셨어. 하지만 사람들은 하나님의 계획에 더 이상 관심이 없고 자신의 계획을 세우려 들었지. 그게 얼마나 큰 유혹인지 몰라. 사람들은 자신만의 신을 원하고, 자신만의 가치관을 세워. 그런 상태에서는 예배할 대상을 잃어버릴 뿐 아니라 우리가 바로 행하도록 가르쳐 줄 사람도 없게 돼. 인간은 자신의 인생과 지구를 다스릴 유일무이한 무적의 리더가 되어 버렸어. 우리는 다른 사람은 전혀 고려하지 않고 자기 마음대로 행동해. 그렇게 우리의 이기심 때문에 우리 자신과 다른 사람들에게 해를 입히지."

수첩에 피자 소스가 몇 방울 떨어져 있었다. 그녀는 냅킨으로 조심스럽게 소스를 닦아 낸 다음, 두 번째 원에 내부로 향하는 화살표 네 개를 그려 넣었다.

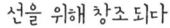

'말 되는데.' 갈렙이 속으로 생각했다. 인생은 그저 성경에 동의하는 데 그치는 것이 아니었다. 뭔가가 더 있었다. 하나님이 세상을 창조하시면서 만물이 서로 축복하고 섬기게 하셨다면, 인간이 자신의 이기적인 계획을 따르는 것은 일을 망치고 엔진을 꺼버리는 일이다. 하나님의 설계를 거부하는 것은 단순히 종교를 거부하는 것에서 그치지 않고, 세상의 작동 방식을 거부하고 자신의 이득과 명예를 위해 세상을 망치는 것이나 마찬가지였다. 정말 오랜만에 신앙이 현실에 뿌리를 내린다는 느낌이 들었다.

"그게 바로 성경이 말하는 죄지요?" 갈렙이 물었다.

"맞아. 하지만 죄는 D⁻ 성적과는 달라. 강의실에서 교수님께 말실수를 하는 정도가 아니지." 존스 교수가 갈렙에게 윙크를 했다. "여기서 말하는 죄는 우리가 저지르는 여러 가지 실수나 잘못이 아니라 **원죄**를 가리키는 거야. 죄악 된 본성 말이야. 마치 상처나 질병처럼, 지구상의 모든 것과 우리가 맺는 모든 관계와 우리 영혼에 쉽게 해를 입히는 인간의 일반적인 성향을 가리키지."

전염병

학생들이 주문한 피자를 들고 몰려 들어와 존스 교수 뒤쪽에 자리를 잡았다. 갈렙은 토마토와 마늘, 바질과 모짜렐라 치즈 향을 맡으니 피자 생각이 또 간절해졌다. 뱃속에서 꼬르륵 소리가 났다. 그래도 계속 버텼다.

　존스 교수가 말했다. "죄의 결과는 더욱 심각해져. 그냥 나쁜 세상이 아니라 최악의 세상으로 변하거든. 창세기 3장에서 아담과 하와는 이 세상의 설계자에 맞서기로 결단했지. 그 결과 수치심이 찾아왔단다. 이상하기도 하지. 겉으로는 아무것도 변한 게 없는데 말이야. 늘 그랬듯이 벌거벗고 있었는데, 이제 그들은 자신이 벌거벗었다는 사실을 깨닫게 되었어. 그래서 나뭇잎으로 몸을 가렸지. 아마 굉장히 끔찍한 기분이었을 거야. 아담은 하와를 비난했고, 그 다음에는 하와를 주신 하나님을 비난했어. '하나님이 주셔서 나와 함께 있게 하신 여자…'[3)]라고 말이지. 하와도 자신에게 쏟아진 비난을 전가하면서 그건 자기 잘못이 아니라고 했지. 수치심과 비난의 악순환이 시작된 거야."

그녀는 동그라미 한가운데 삐뚤삐뚤한 선을 그려 넣었다. 사람 형상을 갈라놓는 담처럼 보였다.

선을 위해 창조되다

"상황은 더 심각해졌어. 창세기 4장을 보면, 가인이 질투심을 못 이겨 아벨을 살해했지. 하나님이 아벨의 제사만 받으시고, 가인의 제사는 받지 않으셨거든. 그래서 가인은 인류 최초의 살인자가 되었어. 자기만족을 위해 남의 행복을 무참히 짓밟은 첫 번째 사람이 된 거지. 하지만 거기서 상황은 또 악화되었어. 창세기 4:23-24을 읽어 줄래?" 갈렙이 성경을 읽는 동안 그녀는 음료수를 한 모금 더 마셨다.

"라멕이 아내들에게 이르되, 아다와 씰라여, 내 목소리를 들으라. 라멕의 아내들이여, 내 말을 들으라. 나의 상처로 말미암아 내가 사람을 죽였고 나의 상함으로 말미암아 소년을 죽였도다. 가인을 위하여는 벌이 칠 배일진대 라멕을 위하여는 벌이 칠십칠 배이리로다 하였더라."

"라멕은 새로운 차원의 살인을 시도했지." 존스 교수가 말했다. "자기에게 상처를 주었다는 이유만으로 사람을 죽였지. 그는 복수 따위는 아랑곳하지 않고, 칠십칠 배나 거침없이 폭력을 저질렀어. 그게 전부가 아니야. 그는 두 여자와 결혼했는데 아내들의 이름을 한번 살펴볼까? 인류 최초의 일부다처제이지. 아다는 '장신구'라는 뜻이고, 씰라는 '그림자'라는 뜻이야.[4] 돕는 배필이었던 여자들이 장신구와 그림자로 전락했어. 슬픈 일이지. 일부다처제는 결코 하나님의 뜻이 아니었어. 하나님은 아담과 하와만 창조하셨으니까. 이 여성들의 이름을 통해 성경 저자가 우리에게 주는 메시지가 있지. 여성에 대한 부당한 처우는 설계자의 계획에 반역한 결과야."

갈렙이 갑자기 몸을 뒤로 젖히는 바람에, 뒤에 앉은 여학생과 머리를 부딪혔다. 그는 재빨리 사과하고 뒤통수를 문질렀다. 지금까지 일부다처제에 반대하는 설득력 있고 성경적인 논증을 들어 본 적이 없었다.[5] 구약 성경 인물 중에는 아내를 여럿 둔 경우가 많았는데, 일부다처제에 대한 성경의 기준이 무엇인지 내심 궁금했었다. 하지만 이제는, 하나님이 일부다처제를 허용하지 않으시지만 그럼에도 불구하고 그들을 무척 사랑하셨다는 사실을 알 수 있었다.

"그런데 더 심각한 상황이 기다리고 있었어." 존스 교수가 말했다. "창세기 6:2을 읽어 보렴."

"하나님의 아들들이 사람의 딸들의 아름다움을 보고 자기들이 좋아하는 모든 여자를 아내로 삼는지라."

"네 성경에는 뭐라고 나와 있니?" 교수의 질문에 갈렙이 성경을 내밀었다. "재밌네. 네 성경에는 '아내로 삼았다'라고 되어 있지만, 히브리어 성경에는 '취했다'라고 되어 있어. 자, 그럼 창세기 4:1을 볼까? 네 성경에는 아담이 하와와 '동침했다'라고 되어 있을 거야. 그런데 히브리어 성경에는 '알았다'라고 되어 있어. '안다'라는 말은 성행위를 가리키는 용어야. 친밀감, 그러니까 상대방을 이용하지 않으면서도 가까이하는 것을 가리키는 멋진 단어지. 어떤 의미에서는 성행위도 사람을 알아 가는 거잖아. 아담과 하와에게 그런 일이 생겼지. 그런데 6장에 와서는 하나님의 아들들을 자처하는 사람들이 상대방을 아는 게 아니라 취하는 일이 발생해. 그들이 여자들을 상냥하게 대했을 가능성도 없지 않지만, 억지로 결혼을 하거나 최악의 경우에 여자들을 강간했을지도 몰라. 한때 돕는 배필이었던 여성들은 이제 장신구나 그림자로 전락하여 남자들에게 취함을 당하지."

'상대방을 모르는 상태로 취하는 것이 정욕이 아니었나?' 갈렙은 모든 것이 연관이 있다는 사실을 깨달았다. 창세기 기사는 빛과 생명과 모든 창조 세계를 소용돌이로 몰아가는 추악한 죄와 여성에 대한 억압을 묘사했다. 갈렙은 이 이야기를 애나에게 들려줘야겠다고 생각했다.

"계속해서 상황은 악화되었어." 존스 교수가 불길한 어조로 말했다. "창세기 6:5-6을 읽어 주렴."

"여호와께서 사람의 죄악이 세상에 가득함과 그의 마음으로 생각하는 모든 계획이 항상 악할 뿐임을 보시고, 땅 위에 사람 지으셨음을 한탄하사 마음에 근심하시고."

"하나님은 가슴 아파하시며 세상을 지으신 것을 후회하셨어." 그녀가 말했다. "'그분 마음에 고통이 가득했다.' 성경에 나오는 가장 슬픈 구절 중 하나지. 세상은 계속 내리막길을 걸었어. 하나님은 사람을 지으신 일을 한탄하시고, 사람들은 하나님을 두려워했지.[6] 하나님과 인간의 관계는 혼란에 빠졌고, 세상과 만물은 죄악으로 망가졌어."

그녀는 오른편 동그라미 안에 작은 동그라미를 그려 넣고, 지그재그 선을 테두리에 그렸다. 그런 다음 그 위에 '죄악으로 손상되다'라고 적었다.

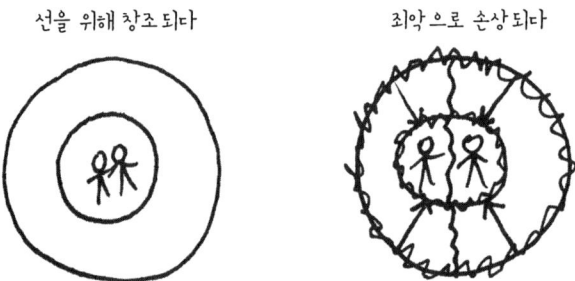

갈렙은 창세기가 이런 주제들을 담고 있는 줄 이전에는 미처 몰랐다. 특히 여성에 관한 죄는 더더욱 그랬다. '하나님이 의도하신 세상과 전혀 거리가 멀군.' 하나님은 자기 형상대로 지음받은 인간이 생육하고 번성하여 땅에 충만하기를 기대하셨지만, 사람들은 천국에 어울리지 않는 죄악으로 세상을 채웠다. 갈렙은 기회가 된다면 이 이야기를 애나에게 빠짐없이 들려주고 싶었다.

비

존스 교수는 손목시계를 들여다봤다. "그만 돌아가야겠다. 걸어가면서 이야기를 계속 하자꾸나."

자리에서 일어난 두 사람은 길을 건너 존스 교수 연구실로 걸어갔다. 태양은 또다시 구름 뒤로 숨었고, 부슬비가 내리기 시작했다. 두 사람은 우산이 없었다. 한기를 느낀 갈렙은 차가운 손을 녹이려고 호호 불기 시작했다. 온몸이 떨리고 뱃속이 울렁거렸다. '감기에 걸리지 않아야 할 텐데.' 갈렙과 존스 교수는 빠른 걸음으로 길을 걸었다.

그녀는 잠시 중단했던 이야기를 다시 시작했다. "우리가 살펴본 것처럼, 이 지구는 형편없이 추락했고, 하나님은 이 세상을 만드신 것을 후회하셨지. 창세기를 계속 읽어 나가면, 하나님은 완전히 새로운 세상을 시작하기로 결단하셔. 비를 불러와서—하늘에서 물이 내려오는 장면이 성경에서 최초로 등장하지—모든 생명체를 멸하시지. 그러나 노아와 그 가족만큼은 방주에 태워 구원하셔. 자, 여기서 한 가지 사실을 가정해 보자. 만일 그쳤던 비가 **다시** 내리기 시작한다면 노아의 기분은 어떨까?"

그녀는 손을 펴서 떨어지는 빗방울을 받았다. "아마 몹시 두려웠을 거야. 그렇지? 하지만 하나님은 다시는 물로 세상을 멸하지 않겠다고 약속하셨고, 그 약속의 상징으로 노아에게 무지개를 보여 주셨단다. 구속이 엿보이지 않니? 하나님은 아름다운 빛과 무시무시한 물이 뒤섞인 빗속에 그분의 상징을 남겨 주셨어. 노아는 다시는 비를 두려워하지 않아도 되었단다. 창세기를 보면 세상은 또다시 악화되지만, 이 이야기는 그전에 약간의 희망을 보여 준단다."

갈렙도 손을 펴서 비를 느껴 보았다. 그는 이 강력한 이야기를 이해할 것 같았다. 하나님은 가장 큰 고통을 취해 가장 큰 약속을 가져다주셨다. 예수님을 통해서도 이 일을 하셨다. 가장 큰 고통을 취해 이 세상에서 가장 큰 치유를 가져오셨던 것이다. 어떤 두려움이 닥쳐도 그는 믿음 가운데 걸을 수 있다. 무지개는 빗속에서만 나타난다는 사실을 잘 아니까.

다양한 민족

갈렙은 창세기 수업을 감사히 생각했다. 그에게 아주 중요한 시간이었다. '태초에.' 생물학 수업을 들을 때마다 그는 성경은 잠시 잊어야 한다고 생각했다. 그런데 이제는 창세기가 기독교 세계관의 기초를 형성하며, 매우 실제적으로 인간과 만물의 상호작용을 설명해 준다는 사실을 알게 되었다.

존스 교수가 계속해서 말했다. "창세기 11장을 보면, 세상은 여전히 불완전하단다. 이 세상은 인종, 민족, 문화 때문에 사람들이 서로 나뉘었을 뿐 아니라 또 다른 방식으로 망가지지. 백인과 흑인, 한국인과 일본인, 인도인과 파키스탄인, 아랍인과 유대인…."

갈렙은 마치 존스 교수가 고삐로 그를 잡아끌기라도 한 것처럼 몸을 홱 돌려 말했다. "교수님, 그 이야기 좀 잠깐 할 수 있을까요? 제 생각에 민족성은 바벨 탑 사건의 결과로 주어진 저주 같은데 말이죠. 차라리 색맹이 되어 피부색을 분간 못하는 편이 낫지 않나요? 다 같이 어우러져 잘 지낼 수는 없는 건가요?"

존스 교수는 생각에 잠긴 채 발걸음을 재촉했다. 교수는 미간을 찌푸리며 갈렙을 쳐다보았다.

"재밌는 질문이네. '저주'라고 했니? 하지만 성경에는 그런 단어가 나오지 않아. 사람들이 생육하고 번성하여 땅에 충만하라(창 1:28)는 하나님의 명령을 행하지 않고 도시를 지어 정착하려 했기 때문에 하나님은 그들의 언어를 혼잡케 하셨지. 그건 사람들을 저주하신 것이 아니야. 그들이 본연의 소명을 따르도록 도와주셨을 뿐이지."

'이 부분은 다시 확인해 봐야겠는걸.' 갈렙은 속으로 생각했다.

"색맹이라니 말도 안 돼. 하나님은 세상을 창조하시면서 다양한 동물과 식물을 만드셨어. 바벨탑 사건 이전에 창세기 10장을 보면, 다른 언어와 문화와 배경을 지닌 사람들의 목록이 나와." 신학자들이 '민족 일람표'라고 부르는 것이지. 사도행전 2장에서는 오순절에 모인 청중이 아람어가 아니라 각각 자신들의 언어로 베드로의 설교를 듣지. 이것 보렴. 성령님은 문화와 언어를 무시하시지 않고 오히려 존중하신단다. 또 요한계시록 7:9은 종말에 각 나라와 족속과 백성과 방언에서 큰 무리가 나와 하나님을 예배할 것이라고 말씀하지. '민족'에 해당하는 그리스어 '에스노스'(ethnos)에서 민족성을 뜻하는 영어 단어(ethnicity)가 파생한 거야."

존스 교수는 계속해서 말을 이어 나갔다. "역사의 마지막까지 우리는 고유한 민족성과 문화를 유지할 거야. 민족성이 사라지지 않고 구속받는 것이지. 천국에서는 더 이상 서로 싸우지 않고 화해하게 돼. 서로 다른 언어로 이야기하지만 상대방의 말을 완벽하게 이해하지. 색깔을 무시하는 것이 아니라 모든 색을 포용하게 될 거야. 하나님 나라에 속한 민족성과 문화가 저주가 될 수 있을까? 결코 그럴 수 없단다. 민족성과 문화는 우리를 향한 하나님의 선한 계획의 일부야."

'이 세상 끝날까지 사라지지 않을 문화와 민족성이라고?' 갈렙은 이제까지 그런 생각을 해 본 적이 없었다. 천국은 민족성이 존재하지 않는 거대한 용광로일 거라고 생각한 적은 있었지만, 이상하게도 마음속으로 천국을 그려 보면 늘 백인만 보였다. 그리고 사람들은 영어를 했다. 그런데 이제는 이런 생각도 든다. '나는 천국에서도 한국인이 아닐까?'

이런 생각을 하자 또 다른 질문이 꼬리를 이었다. "하지만 성경은 우리가 그리스도 예수 안에서 모두 하나이기 때문에 남자도 여자도 없고, 유대인도 헬라인도 없고, 종이나 자유인도 없다"고 말씀하지 않나요?" 갈렙이 질문했다.

존스 교수는 인내심을 가지고 갈렙의 질문에 대답했다. "하나님의 아들 혹은 하나님의 딸이라는 말을 구별해서 쓰는 건 별 문제가 없지? 교회에서 형제 자매가 소그룹을 나누어 하는 것도 괜찮고 말이야."

"물론이죠" 하고 갈렙이 대답했다.

"유사점이 뭔지 모르겠니?" 존스 교수가 물었다. "사람들은 그리스도인이라면 인종과 민족성, 문화는 중요하지 않다는 뜻으로 네가 말한 그 성경 구절을 사용하지. 그런가 하면 미국 사회에서는 인종으로 구분 짓는 것은 잘못이므로, 흑인이나 멕시코인은 인종을 내세우지 말고 그냥 미국인으로 살아가야 한다고 생각해."

갈렙은 아무 말도 하지 않았다. 자신도 인종학 수업을 들으면서 그와 똑같이 생각하고 그것이 아주 성경적이라고 믿기까지 했던 적이 있지만, 그런 생각을 쉽게 입 밖에 내선 안 된다는 것쯤은 알고 있었다. 대학이라는 콜로세움에서 사자들에게 밥이 되고 싶은 생각은 추호도 없었다. 하지만 지금 그에게 질문하는 사람은 그의 멘토가 아닌가. 그는 마치 화형장에 끌려가는 심정이었다.

"미안해, 갈렙. 내가 너를 곤란하게 만든 것 같구나." 갈렙의 방어적인 태도를 눈치챈 존스 교수가 말했다. "가끔은 내가 너무 흥분해서 말이야."

갈렙은 겸연쩍은 듯 싱긋 웃었다. "아니에요. 하지만 교수님 말씀은 맞아요. 제가 좀 긴장했거든요."

"그래, 이해해. 하지만 인종과 민족성에 대한 정체성 문제가 어떻게 이 세상을 망가뜨리는 데 일조했는지 알겠니?"

그는 고개를 끄덕였다. 인종 문제는 늘 까다로운 주제였다.

"좋아. 그럼 천천히 설명을 해 볼게. 우리는 하나님의 아들이나 하나님의 딸이 되는 데는 별 거부감이 없어. 그렇다면 하나님의 인도인이나 하나님의 케냐인, 혹은 하나님의 혼혈인이나 하나님의 이민 2세는 왜 안 되지? 문제가 좀 복잡해지지. 하지만 이렇게 생각해 봐. 우리는 성경에 이름이 나오는 인물이 모두 어떤 민족인지 알잖아. 우리아는 히타이트 족이고, 고넬료는 이탈리아인이었지."” 그런데 미국 사회에서는 인종의 정체성을 인정하지 않지. 인종 이야기를 꺼내면 불편해하는 사람들이 생기거든. 지난 역사 속에서 인종간 갈등이 빚어 온 많은 문제 때문에 사람들은 인종을 밝히기를 꺼려해. 지난 세기만 해도 인종 문제로 큰 분쟁이 여러 번 있었잖니. 하지만 민족 정체성은 신앙 여정에서 중요한 부분이지. 민족성을 포함해 하나님이 만드신 우리 모습을 온전히 받아들이지 못한다면, 우리는 화목하게 하는 직분[10]을 맡은 자로서 제대로 살아갈 수 없어."

"그게 무슨 말이죠, 교수님?" 갈렙이 이의를 제기했다. "민족 정체성을 받아들이는 것과 화해의 직분자로 살아가는 것이 무슨 관계가 있죠? 민족이라는 혈통으로 구분 짓기를 멈춰야 서로 더 잘 지낼 수 있는 것 아닌가요?"

"네가 인용한 성경 말씀은 성별이나 인종, 계급 차이를 철폐하라는 말씀이 결코 아니야. 만약 누가 너에게 이렇게 말하면 기분이 상하겠지. '나는 너를 하나님의 아들이라고 생각하지 않아.' 넌 남자잖아. 네가 남성이라는 특징은 쉽게 받아들이지. 그런데 왜 민족 정체성은 달갑지 않게 생각하지? 인종 문제를 무시하면 인종 갈등은 절대 사라지지 않아. 오히려 적극적으로 민족성을 인정하고 그 혜택을 누리며, 더 나아가 남들에게도 축복이 되어야 해. 한번은 어느 기독교 세미나에 참석한 적이 있는데, 거기서 일본 대표가 눈물을 글썽이며 한국인들에게 용서를 구하고, 한국인들은 일본인들을 용서하는 일이 있었어. 각본 없는 드라마였지. 개인 대 개인으로 용서를 구한 것이 아니라, 국가 대 국가로 용서를 구했어. 이것이 바로 천국이 아닐까 싶었어. 세상에는 이와 비슷한 이야기들이 아주 많아. 하지만 여전히 많은 경우, 인종과 민족이 사람들을 가르고 있고, 이것을 무시하는 태도는 이 세상이 입은 상처를 해결하는 데 도움이 되지 않아."

갈렙은 조부모님으로부터 일제 식민지 시절 이야기를 들은 적이 있었던 터라 한국과 일본의 긴장 관계를 익히 잘 알고 있었다. 조부모님은 아직도 일본 제품은 절대로 사지 않으셨다. 민족 문제가 여전히 사람들을 갈라놓고 있음을 알 수 있는 대목이었다.

가난한 부자

두 사람은 다시 걷기 시작했다. 학교 앞 큰길에서 왼쪽으로 꺾어 캠퍼스 중앙으로 향했다.

존스 교수는 계속해서 말했다. "노예와 자유인. 미국의 그리스도인들은 자신들의 민족성만 껴안을 것이 아니라, 계급 문제도 포용해야 해. 우리는 부자인데도 가난하다고 생각하지. 물질주의가 만연해 있기 때문이야. 나도 예외는 아니야. 돈이 충분하니까 물건을 사야겠다는 충동과 맞서 싸우기가 쉽지 않지. 음악과 영화, 텔레비전, 문화적인 기대감, 친구들, 가족 등을 통해 물질주의는 전염병처럼 퍼져 가지. 거기서 피해 가기란 정말 어려워. 차라리 부를 숭배하며 하나님께 물질적인 복을 구하며 살기가 더 쉽지. 겁이 날 정도야. 하지만 예수님은 우리가 하나님과 돈을 겸하여 섬길 수 없다고 분명히 말씀하셨어."[1] 만일 우리가 다른 나라 사람들보다 경제적으로 훨씬 더 여유롭다는 사실을 인정한다면, 나눔의 삶을 실천하기가 더 쉬울 거야. 스스로 가난하다고 생각하며 산다면 나누는 삶에 인색해지니까. 하지만 대부분의 미국인에게는 해당하지 않는 말이야."

'지당하신 말씀.' 갈렙은 생각했다. 자신의 삶에서 물질주의의 유혹을 다루기는 쉽지 않은 문제였다.

교수는 계속해서 말했다. "최근에 이런 통계를 봤어. 2000년에 자국의 국내 총생산(GDP)이 미국 복음주의자들의 수입보다 많은 국가는 일본과 미국밖에 없다고 하더라.[12] 미국 복음주의자들의 1년 총수입의 20%면 가장 가난한 60개 국가의 빚을 모두 청산해 줄 수 있대.[13] 나는 당황할 수밖에 없었고, 이후로 가능하면 아껴서 더 많이 기부하려고 노력하고 있어. 호숫가에 위치한 호화 별장을 구입하지 못해서 스스로 가난하다고 생각하고 있으니 얼마나 안타까운 일인지 몰라. 세계 곳곳에는 판자촌에서 근근이 사는 사람들이 이렇게 많은데 말이야. 우리가 그저 죄책감만 느끼거나 더 많이 소유하지 못해 안달하지 않고, 우리에게 있는 부를 인정하고 그 축복을 받아들여 다른 사람들의 유익을 위해 사용한다면 많은 일을 할 수 있어. 우리가 부자라는 사실을 기억한다면 쓸데없이 큰 집이나 고급 승용차를 비롯해서 더 많은 부를 축적하지 않고 오히려 더 많이 나누어 주는 삶을 살 수 있을 거야. 더 많이 소유하려는 욕망이 이 세상에 큰 손상을 입혔어."[14]

존스 교수에게 맞서려는 의도는 아니었지만, 갈렙은 더 궁금한 것이 있었다. "맞아요. 그런데 교수님은 어떠세요?" 갈렙이 물었다. "교수님은 훌륭한 직업도 있고, 연구실도 아주 멋지잖아요. 사시는 곳도 꽤 근사하고요. 아마 좋은 차도 있으시겠죠. 그렇지 않으세요?"

"적절한 지적이야. 내가 하려는 이야기가 바로 그거야. 나는 가난하지 않아. 빈곤을 미화할 생각은 없어. 전 세계적으로 볼 때, 나는 **부자**라는 사실을 인정하려고 애쓰고 있지. 물론 이 동네에서 최고 부자는 아닐지라도, 이 정도면 잘사는 편이야. 내 재산이 내 것이 아니라는 사실을 알기만 한다면, 부자가 되는 것 자체에는 하등 문제가 없어. 내 재산으로 남을 도와줄 수 있거든. 그래서 나는 더 많이 나누어 주려고 노력하지. 급여의 절반으로도 충분히 생활이 가능해. 나머지 반의 일부는 저축하고, 삼분의 일은 믿을 만한 자선단체나 가난한 사람들에게 기부하지. 예수님은 내가 재물을 사용하는 방식에 관심이 많으셔. 예수님이 하나님 나라 다음으로 가장 많이 언급하신 주제가 바로 돈 문제라는 것, 알고 있니? 누가복음에는 일곱 절 중 한 절이 돈에 관한 말씀이야. 그래서 나도 돈 문제를 신경쓰고 있지."

갈렙은 마닐라와 거기서 만난 빈민가의 친구들을 떠올렸다. 그들이 가르쳐 준 교훈은 그 어떤 신학 토론보다 훨씬 더 실제적이고 구체적이었다. 갈렙은 대학생이었지만 그들보다 가진 게 많았다. 그의 물질주의, 아마도 미국 전체의 물질주의는 전 지구를 망가뜨리는 구조와 밀접하게 연관되어 있었다.

갈렙은 갑자기 얼굴에서 핏기가 사라지면서 어지럼증을 느꼈다. 뱃속이 요동쳤다. 빗줄기가 전해 주는 한기도 별 도움이 못 되었다. 그는 난간을 붙잡고 겨우 몸을 주체했다. 그리고 가까스로 고개를 들어 존스 교수를 봤다.

"갈렙, 괜찮니?"

그는 고개를 가로저으면서 배를 부여잡았다. "잠시만 실례할게요." 그렇게 말하고 갈렙은 가까운 화장실로 뛰어갔다.

손가락

카페 드린의 소파에는 마술 같은 힘이 있다. 아무리 오래 앉아 있어도 늘 그렇게 편할 수가 없었다. 뒤로 기대거나 똑바로 앉거나 자세를 계속 바꾸어도, 벨벳 소파는 마치 폭신한 구름처럼 편안했다.

애나는 여전히 창밖을 바라보고 있었다. 머릿속에는 가족 생각이 떠올랐고, 아버지와 최근에 소리 지르며 싸웠던 일이 기억났다.

하지만 갈렙은 교수가 그려 준 두 번째 원을 생각하고 있었다. "우리가 이 세상을 바라볼 때 말이야. 인종차별, 물질주의, 인신매매, 공해, 가난 등 네가 항상 외치는 문제들은 그저 '구조'가 만들어 낸 것이 아니라, 우리가 만들어 낸 거라고. 사회는 정부, 회사, 언론 매체, 문화 단체 등 각종 조직으로 구성되어 있고, 우리도 그 일부지. 구조는 좋은 쪽으로든 나쁜 쪽으로든 인간의 행동과 결정에 영향을 미쳐. 네가 말했듯이 구조는 손상되었고 우리에게 상처를 주기도 해. 우리도 일조를 했고 말이야. 내 말 알아듣겠니?"

"물론이지." 다시 현실로 돌아온 애나가 대답했다. 애나는 이 세상의 문제들에 대해 토론하는 기독교 대화를 반겼다. 근시안적인 그리스도인이 너무 많았다.

"그 다음에는 관계적인 차원의 문제가 있어. 사람들은 알게 모르게 서로 상처를 주고받으며 앙갚음을 하지. 이 세상에는 상처받은 사람들투성이야. 모두 모욕과 비교 의식과 잘못된 기대감으로 서로를 괴롭히지. 이런 일이 너무 만연해서 온전한 사랑으로 행동하는 사람을 찾아보기가 힘들어."

"아, 사랑." 애나가 두 손을 맞잡으며 말했다. 애나는 자신도 비슷한 몽상가이면서, 갈렙의 이상주의를 놀리는 것이 취미였다. 애나가 갈렙과 다른 점이 있다면 적당히 아닌 척할 줄 안다는 걸까.

"아, 그래." 살짝 말꼬리를 내리며 갈렙이 말했다. "하지만 내가 말하는 건 그런 사랑이 아냐. 우리는 사랑이 뭔지 모르고 있어. 원래 모습을 잃어버렸거든. 때로 사람들은 음란물이나 쇼핑 중독에 빠져들기도 해. 인생은 고통뿐이라는 현실을 애써 외면하는 거지. 이 세상을 도무지 받아들일 수 없거든. 또 어떤 사람들은 자신들만의 제국을 건설해서 문제를 해결하려 하지. 그러면 이 세상이 요구하는 방식이 아니라 자기 방식대로 이 세상을 살아갈 수 있거든. 재산, 신분, 인기 등으로 권력을 획득해 이 세상의 모든 문제에서 도피하려 하지. 하지만 오히려 그 덫에 걸려 포로가 되고 말아."

"우리는 선장이 되고 싶었지만, 오히려 배를 젓는 노에 묶인 노예가 되어 버렸지. 우리는 사랑에서 멀리 떨어져 나와 악을 향했어. 조금 매정하게 들릴 수도 있지만, 한번 질문해 볼게. 옳은 일을 하기 쉬울까, 그 반대가 쉬울까? 여기서 옳고 그름에 대한 개인의 기준 따위는 중요하지 않아. 자, 어느 쪽이 더 쉬울까?"

애나는 잠시 생각에 잠겼다. "그야 물론, 잘못을 저지르는 쪽이 더 쉽지. 수업을 빠지느냐 숙제를 하느냐. 고통을 무시하느냐 정의를 행하느냐. 미운 사람을 멀리 하느냐 용서하느냐."

"맞아. 우리는 병에 걸렸는데, 그 병 때문에 옳은 일을 하기보다 잘못을 저지르기가 더 쉬워. 윤리적인 지침이 없다면 우리는 완전히 무너져 내려서 최악의 상황으로 치달을 거야. 지금 우리 모습은 하나님의 계획과는 완전 딴판이야. 손톱만큼도 닮은 구석이 없어. 우리가 진정 원하는 모습이 될 수 있게 도와줄 치료책이 필요해. 이 병 때문에 이 지구와 친구들과 가족들과 이웃이, 그리고 우리 자신이 상처를 받으니까 말이야. 이건 원래 우리 모습이 아니야. 하나님의 계획과 무관하지. 우리는 하나님의 예술 작품, 그분이 만드신 창조 세계를 망가뜨리고 있어."

이야기가 설교조로 빠지기 시작했지만, 이 세상이 뒤틀렸다는 증거는 강력했다. 애나는 자신이 살아가는 이 거대한 초록 별이 확실히 어떤 병에 감염되었다는 사실을 깨달았다. 치료할 방책이 있다면, 그게 무엇인지 궁금했다.

"그러니까 우리 인간이 그 설계자한테 욕하듯 가운뎃손가락을 들어 올려 보이고 있는 거네? 맞지?" 애나가 애교스럽게 웃자, 갈렙은 그만 쓰러지고 말았다.

친구

애나는 갈렙이 커튼을 열어 무대 전체를 볼 수 있게 도와준다고 생각했다. 그의 메시지는 애나가 이전에 교회에서 들었던 말씀보다 훨씬 광범위했다. 기독교인들은 교회 출석과 성경 공부 외에는 전혀 관심이 없는 줄 알았다. 아, 낙태와 동성애 문제도 있었다. 그런데 갈렙은 그보다 훨씬 폭넓은 문제를 이야기했다. 애나는 늘 자신의 정치 성향과 열정이 교회와 어울리지 않는다고 생각했다. 하지만 이제는 자신도 믿음이란 것을 가질 수 있지 않을까 하고 생각해 보았다.

그런데 커피숍 안이 너무 갑갑하게 느껴졌다. "그만 나갈까? 가면서 이야기하는 게 좋겠어." 애나가 제안했다.

갈렙은 식어 버린 커피를 마저 마시고, 애나와 함께 큰길을 걷기 시작했다. 커피숍을 나서자마자 학생 여럿이 반대편에서 걸어오는 것이 보였다. 하나같이 옷을 잘 차려 입었고, 그중 몇몇은 손에 담배를 들고 있었다. 그들은 서로 한국말을 썼고 별로 웃는 법이 없었다.

갈렙은 무리 중에서 아는 얼굴을 몇 확인하고 소리를 질렀다. "야! 무슨 일이야? 다들 어디 가니?"

그들이 멈춰 섰고, 그중 리더 격으로 보이는 존이 말했다. "버블티 마시러 가는데, 너도 같이 갈래?"

"구미가 당기기는 한데, 오늘은 안 되겠는걸." 갈렙은 버블티를 좋아했다. "다음번에는 나도 꼭 끼워 줘."

"물론이지. 담에 봐." 갈렙이 애나를 소개해 줄 틈도 없이 일행은 가던 길을 재촉했다. 손을 흔들며 뒤돌아서던 여학생 둘이 공항에서 검문검색이라도 하듯이 애나를 유심히 쳐다보았다.

"누구야?" 애나가 물었다.

"한인 학생회 친구들."

"애들이 참 **친절하기도** 하네."

갈렙이 미소를 지으며 대꾸했다. "좋게 봐 줘. 친해지려면 시간이 좀 걸려서 그렇지, 나쁜 애들은 아냐."

애나는 갈렙을 딱히 한인 학생으로 구분해서 생각해 본 적이 없었다. 그건 갈렙 자신도 마찬가지였다. 갈렙이 한인 학생회 친구들과 어울린다는 사실 자체가 하나님이 그를 지난 몇 년 동안 변화시키셨다는 증거였다.

하나님의 사람

피자 가게를 다녀온 날 저녁에는 고생이 이만저만이 아니었다. 갈렙은 식중독과 한바탕 전쟁을 치르느라 화장실을 수도 없이 들락날락 했다. 존스 교수 말이 맞았나 보다. 그 집 소스에 마약을 넣은 것이 틀림없었다. 화장실을 들락거리면서도 갈렙은 그녀의 말을 곱씹느라 바빴다.

그녀가 설명해 준 '예정'과 '자유의지' 부분은 납득이 갔다. 옛날 같았으면 그런 설명을 기독교인의 책임을 회피하기 위한 핑계라고 생각했겠지만, 딱 떨어지지 않는 대답이기는 해도 지금은 그것이 성경적이라고 믿었다. 신학 지식이 많은 친구들은 필시 맹공을 펼치겠지만, 그 정도쯤은 처리할 수 있었다.

하지만 존스 교수가 민족 정체성에 대해 언급한 부분은 그의 마음을 완전히 뒤흔들어 놓았다. 백지 상태가 된 기분이었다. 갈렙은 그 다음날, 톰에게 같은 질문을 던져 보았다.

"야, 너는 하나님의 사람이냐?" 갈렙은 톰과 데이브와 함께 평소처럼 도서관에서 공부하던 중이었다. 셋 중에 턱수염을 기른 데이브가 제일 성숙해 보였다. 키가 커서 그런지 그가 앉은 열람석이 유난히 좁아 보였다. 톰은 제일 시끄러운 녀석이었다. 웃을 때마다 툭 튀어 나온 배가 위아래로 흔들렸다.

"진지하게 묻는 거야?" 책에서 눈을 뗀 톰이 눈썹을 치켜들고 말했다. "그야 물론이지. 그런데 그런 건 왜 물어?"

"좋아, 그러면 넌 하나님의 멕시코인이야?" 엄밀히 따지자면 톰의 어머니만 멕시코 출신이지만, 어쨌거나 갈렙은 그렇게 물었다.

"야, 너 무슨 일 있어?"

갈렙이 존스 교수와 나눈 대화를 들려주자, 톰이 말했다. "음, 교수님 말씀에 따르면, 그런 것 같아. 적어도 반은 그렇지." 그는 웃으면서 어깨를 으쓱했다.

톰은 데이브를 보고 큰 소리로 말했다. "야, 데이브. 넌 하나님의 백인…."

"조용히 해, 임마!" 갈렙이 나무라자, 톰은 장난기가 가득한 표정으로 웃었다. 갈렙은 데이브를 보고 "아무것도 아니야" 하고 말했다. 데이브는 어깨를 한번 으쓱하더니 책 속에 다시 고개를 묻었다.

물

며칠 뒤 늦은 오후, 갈렙은 존스 교수의 말을 곰곰이 생각하면서 캠퍼스를 거닐었다. 그날은 날씨가 꽤 화창해서 드림헬러 분수 쪽을 산책로로 삼았다. 정면으로는 눈 덮인 레이니어 산을 중심으로 수잘로 도서관과 거버딩 건물이 완벽한 절경을 이루고 있었다. 건축가들이 이 광경을 훼손하지 않으려고 설계도에서 건물의 방향을 바꾸었을 정도였다. 이 아름다운 광경을 보면서 그는 창조주 하나님이 얼마나 놀라운 분이신지 다시 한 번 감탄했다.

그는 늘 갈라디아서 3:28-29에 나오는 바울의 말을 기억했다. "너희는 유대인이나 헬라인이나 종이나 자유인이나 남자나 여자나 다 그리스도 예수 안에서 하나이니라." 그는 자신이 이 구절 때문에 인종적인 특징을 무시하게 되었다고 생각했다. 하지만 이제는 이 말씀이 우리의 가장 중요한 정체성이 예수님 안에 있기에 모든 사람은 하나라는 가치 선언으로 달리 보였다. 존스 교수의 말이 옳았다. 이 말씀은, 우리가 반드시 인종이나 민족 같은 정체성이 드러나는 특징을 없애야 한다는 뜻이 아니다. 겉모습이 어떻든 갈렙은 하나님의 사람이었다.

갈렙이 보기에 이런 내용이 톰에게는 별 문제가 되지 않는 것 같았다. 그런데 왜 유독 갈렙에게는 큰 문제일까? 아마도 그가 신학을 핑계로 개인적인 의문들을 무마하고 있었기 때문일 것이다. 신학은 시간을 초월하는 하나님의 진리가 아니었던가?

그가 교회 청년부 모임에 나가기로 한 것도 실은 동양인 친구들을 피하려는 의도가 숨어 있었다. 물론, 겉으로는 다양한 사람과 어울리고 싶다는 구실을 갖다 붙였다. 하지만 아시아계 학생들과 마주칠 때면 본능적으로 피하고 싶은 생각이 들었다. 그들과 어울리는 모습을 남들에게 보이고 싶지 않았다. 솔직히 말해서 그들이 별로 마음에 들지 않았다. 자기들끼리 몰려다니는 모습도 보기 좋지 않았고, 그들만의 언어로 이야기하는 것도 싫었다. 주변에 있는 동양인들이 너무 동양인 티를 낼 때마다 갈렙은 심기가 한없이 불편해졌다.

'하지만 백인 친구들은 별 문제가 없잖아.' 그리스 학생들이 어울려 다니는 모습을 보면서 한 번도 그런 생각을 해 본 적이 없었다. 백인 친구들이 떼로 몰려다니는 모습에 이의를 제기한 적도 없었다. 흑인 친구들이나 남미 출신 친구들도 마찬가지였다. 갈렙은 유독 동양인에게만 가혹한 것 같았다.

갈렙은 드럼헬러 분수 주위를 맴돌면서, 자신이 한국인들과 어울릴 때 불편해하는 이유를 생각해 보았다. 언젠가 코빈 목사가 설교 중에 했던 말이 문득 떠올랐다. "사람들이 남에게 화를 내는 까닭은,

그 사람 속에서 가장 외면하고픈 자신의 모습을 보기 때문입니다."
갈렙은 드디어 문제의 핵심을 파악했다. '나는 내가 한국인이라는 사실이 부끄러운 거야.'

그는 시애틀에서 태어나서 자란 엄연한 미국인이었다. 본인이 원하기만 하면 미국 대통령 선거에 출마할 자격도 있다. 하지만 그는 동시에 한국인이라는 사실은 애써 무시하고 싶었다. 물론 한국 음식은 좋아했다. 하지만 한인 교회나 구세대의 위선과 물질주의는 지긋지긋했다. 어르신들의 판단이 옳지 않은데도 아랫사람들에게 무조건 강요하는 태도가 몹시 싫었다. 고집은 또 얼마나 센지, 몹시 까다로운 분들이다. 그분들과는 말도 하고 싶지 않았다.

다른 한편으로, 한국의 전통 문화와 교회의 유산은 훌륭했다. 음식(아, 갈비!), 사물놀이를 비롯한 국악, 열정, 그칠 줄 모르는 기도, 공동체, 기꺼이 고난받으려는 자세 등 분명히 좋은 면도 있었다. 존스 교수의 말대로라면, 하나님이 갈렙을 한국인이자 미국인으로 만드신 것은 우연의 일치가 아니라 그분의 계획이었다. 그렇다면 한국인인 동시에 미국인이라는 정체성을 그도 받아들여야 하지 않을까?

갈렙은 걸음을 멈추고 레이니어 산을 바라보았다. 분수 가로 가서 웅장한 산마루에 시선을 고정했다. 갑자기 목이 메어 왔다.

"용서해 주세요, 하나님." 그가 나지막이 속삭였다. "제가 하나님을 신뢰하지 못했군요. 저를 한국인으로 만드신 건 하나님의 실수라고 생각했어요. 하나님이 의도하신 본래의 제 모습을 받아들일 수 있도록 도와주세요. 한국인과 미국인이라는 정체성을 동시에 품을 수 있도록 도와주세요. 저는 하나님의 한국인이요 미국인입니다."

그는 눈을 감고 두 팔을 올린 채 계속 기도했다. 분수의 물줄기가 물보라를 일으켰다. 머리 위로 물방울이 떨어졌다. 그는 옛사람들이 그랬던 것처럼, 물을 맞으며 그냥 서 있었다. 옛 것은 가고, 새 것이 왔다. 그 순간 그는 감사하는 마음을 회복했다. 자유를 만끽하는 그의 얼굴에 오랜만에 커다란 미소가 번졌다. 그는 다시 주차장으로 향했다.

다음날 길거리에서 한인 학생들을 만난 갈렙은 전혀 움츠러들지 않았다. 담배 연기 대신 바람 같은 성령의 숨을 내쉬었다. 사람들의 얼굴을 보고 미소를 지어 보였다. 그러고는 한발 앞으로 나가 자기 소개를 했다. 갈렙은 예수님이 자신과 함께하셔서 그 친구들을 사랑할 수 있도록 도우시는 것을 느낄 수 있었다.

역사

"적어도 나한테 통성명할 기회는 줬어야지." 애나가 말했다.

"그러게 말이야"라고 대꾸하면서도 갈렙은 커피숍에서 하던 이야기를 다시 생각하는 중이었다. 죄가 왜 문제인지 설명하는 건 전혀 어려운 일이 아니었다. 주변에서 그 증거를 얼마든지 찾아볼 수 있었다. 그러나 죄에 대한 해결책은 애나에게 너무 '기독교스럽게' 들리지 않을까 염려되었다. 존스 교수와 만나기 1년 전만 해도, 기독교가 과연 죄에 대한 해답을 제시할 수 있는지 의문이었다. 하지만 지금은 자신에게 기쁜 소식이 있다는 소신 내지는 확신이 있다. 예수님의 생애와 그분의 메시지를 이야기할 때 애나가 부디 잘 들어주기를 바랄 뿐이었다. 애나도 예수님은 좋다고 하지 않았던가.

두 사람은 15번가를 건너 워싱턴 대학교 정문으로 향했다. 메모리얼 웨이 양쪽으로 수백 그루가 넘는 플라타너스 나무가 줄지어 서 있었다. 원래 이 가로수 길은 제1차 세계대전에서 희생당한 워싱턴 대학교 교수와 학생들을 기리기 위해 심은 일흔다섯 그루의 나무에서 출발했다. 매서운 시애틀의 겨울바람에 잎은 다 떨어지고 앙상한 가지만 덩그러니 남아 있었다. 아마 이 나무들도 아담과 하와처럼 벌거벗은 모습을 부끄러워하고 있을지 모른다.

갈렙은 커피숍에서 하던 이야기를 다시 꺼냈다. "자, 그러니까 이 세상이 망가졌다는 사실에는 동의하는 거지?"

"물론이지." 애나가 대답했다. 두 사람은 캠퍼스에서 가장 오래 된 건물이 있는 곳에 들어섰다. 오른편으로 서부 해안 지역에서 가장 오래 된 대학 박물관이 있었다. 이곳은 북서부 지역에서 스테고사우루스를 비롯한 공룡 뼈를 볼 수 있는 유일한 곳이다. 그만큼 오래 되었다는 뜻이다. 왼편으로는 이 대학에서 오래 되기로 또 유명한 천문대 건물이 자리잡고 있었다. 천문대에서는 이 건물보다 훨씬 더 오래 된 별과 성운과 은하계를 관찰했다. 이곳에 있으니 역사가 그들에게 속삭이는 듯했다.

"하지만 하나님은 이 세상을 너무 사랑하셔서 그대로 내버려두실 수가 없었어. 누가 네 여동생을 때린다고 생각해 봐. 그 아이를 사랑한다면 그냥 곁에 서서 가만히 보고 있을 수만은 없을 거야. 뭐라도 해야지. 하나님은 2,000년 동안 세상의 악을 바라보시면서 가슴이 찢어지는 것만 같으셨어. 도저히 가만히 계실 수가 없었지. 그래서 하나님이 몸소 이 세상에 아기로 오셨던 거야."

"아, 크리스마스!" 하고 애나가 소리쳤다. 한밤중 케이블 TV에 등장하는 파티 장면에서처럼 춤을 추듯 뛰면서 말이다. "그날은 상업주의가 극에 달하지!"

"그래" 하고 갈렙이 웃으면서 대답했다. "그런데 말이야. 유명 연예인이 너희 집에 온다고 상상해 봐. 정말 떨리겠지? 아니면 더 막강한 사람, 구름과 번개를 타고 오시는 분을 한번 상상해 봐. 히브리어에서는 '목소리'를 뜻하는 단어와 '번개'라는 단어가 한 단어라는 사실을 아니? 이스라엘 사람들은 하나님의 목소리를 들었을 때 우르르 쾅쾅 하는 소리를 들었던 거지. 하나님은 우리에게 잔뜩 겁을 주실 수도 있었어. 하지만 오히려 우리와 함께하시고 우리를 사랑하고자 하셨지. 그래서 이 우주에서 가장 약하고 가녀린 존재, 갓난아기의 모습으로 이 세상에 오셨던 거야. 물론, 예수님도 다른 아기들처럼 귀여우셨겠지. 기저귀에 똥오줌을 싸고 젖을 토하고 우는 것도 똑같았을 거야. 늘 엉망진창에 불안정한 인간과 마찬가지로 그분도 사람이셨거든. 그래서 우리는 그분과 관계를 맺을 수 있게 된 거야."

"사람들이 너무 비현실적이지?" 하고 애나가 말했다. 크리스마스 카드에 등장하는 아름다운 아기 예수는 인간적인 부분은 모두 들어내서 마치 동화처럼 느껴졌다. 그림 속 인물들은 하나같이 너무 평안해 보여서 인위적이었다. 마구간에는 촛불도 필요 없었다. 마리아와 요셉, 아기 예수는 청량음료라도 마신 양 얼굴이 달아올라 주변을 환히 비춰 주고 있었다. 카드 속 아름다운 아기 예수는 현실이 아닌 환상처럼 느껴졌지만, 애나는 너저분한 인간 예수를 얼마든지 떠올릴 수 있었다.

"예수님은 나사렛이라는 작은 동네에서 자라셨어." 갈렙이 계속해서 말했다. "건축업자로 가업을 배우셨지. 하지만 서른 살부터는 사람들에게 마땅히 살아갈 방도를 가르치기 시작하셨지. 아주 획기적인 가르침이었어. '가난한 사람들에게 먹을 것을 주라. 헐벗은 자들에게 옷을 입혀라. 죄수들을 방문하라. 과부를 돌보라. 상처 준 사람을 용서하라.' 그분은 체념하거나 폭력을 앞세우지 않고도 악에 대항하는 모습을 몸소 보여 주셨지. 그분의 모습에서 우리는 어떻게 이 세상을 변화시켜야 할지 배울 수 있어. 그분은 우리를 새로운 삶으로 안내하셨어. 하나님이 주신 힘으로 우리 안팎의 악에 대항하는 법을 보여 주셨어. 예수님은 그것을 하나님 나라라고 하셨지."

잠자코 갈렙의 말을 듣고 있던 애나는 예수님께 배울 점이 많다는 생각을 잠깐 했다. 하지만 마지막 한 구절이 애나의 마음에 걸렸다. "하나님 나라? 아, 그거 나도 알아. 천국 맞지? 천사니 뭐니 그런 것들이 등장하는 사후 세계 말이야."

"맞아. 천국." 갈렙이 대답했다. "하지만 네 생각과는 상당히 다른 곳이야."

트럼펫

1년 전, 갈렙은 억수 같은 빗속을 뚫고 캠퍼스를 가로지르고 있었다. 식중독이 다 나아서 지난번 만남 때보다 몸 상태가 훨씬 좋았다.

그는 마치 미식축구에 등장하는 러닝백 선수처럼, 각 건물을 속공을 가로막는 블로커 삼아 캠퍼스를 내달렸다. 존스 교수의 연구실이 있는 건물에 도착한 그는 검은색 깔판에 신발 바닥을 닦고, 오늘따라 유난히 느릿느릿 움직이는 엘리베이터를 초조하게 기다렸다. 드디어 연구실에 도착했다. 이제는 꽤 익숙해진 의자에 편하게 몸을 맡겼다.

존스 교수는 페퍼민트 차를 내밀며 갈렙에게 인사를 건넸다. 보라색 바탕에 흰색으로 대학 로고가 새겨진 머그컵에서 김이 모락모락 나고 있었다. 컵에 그려진 시베리안 허스키가 빙그레 웃는 얼굴로 쳐다보고 있었다. 금방이라도 튀어 나와 장난스럽게 그의 얼굴을 핥을 것만 같았다. 그녀는 캐모마일이 담긴 머그컵을 손으로 감싸 쥐고 얼굴 가까이에 갖다 댔다. 안경에도 금세 김이 서렸다.

"감기에 걸렸지 뭐니." 그녀의 목소리는 악기 소리를 작게 해주는 약음기를 단 트럼펫 소리처럼 들렸다.

"그러면 집에 가서 좀 쉬셔야죠." 갈렙이 말을 꺼내자마자 그녀가 고개를 젓는 바람에, 그도 더 이상 어쩔 도리가 없었다. "빨리 나으시길 빌어요."

"고마워. 너는 이제 좀 괜찮니?"

"그럼요. 그때 뭘 좀 잘못 먹었나 봐요. 이제는 말짱해요." 갈렙이 양손 엄지를 들어 보였다.

"다행이네. 지난번에는 정말 미안했어, 갈렙. 내가 너무 다그쳤지. 변명은 아니지만 그날 내가 좀 피곤했고 급히 연구실로 돌아갈 일이 있어서 말이야. 그리고 전에도 비슷한 질문을 수없이 들었기 때문에 어떤 때는 내가 했던 말을 반복한단 느낌이 들어." 존스 교수는 손으로 입을 가리더니 기침을 심하게 했다.

"괜찮습니다, 교수님" 하고 갈렙이 대답했다. "말씀 감사히 잘 들었습니다." 그는 드럼헬러 분수에서 있었던 일을 말했다.

존스 교수는 부은 눈으로 갈렙을 바라보며 환한 미소를 지었다. "잘됐네! 정말 잘됐어." 그녀는 입김을 불어 차를 식힌 다음 한 모금 들이마셨다. "좋아. 다음으로 넘어갈 준비는 됐겠지?"

갈렙은 말없이 고개를 끄덕였다. 문득 난생 처음 이런 생각이 들었다. 밖에는 비가 내리는데 따뜻한 음료를 손에 쥐고 편한 의자에 앉아 좋은 대화를 나누면서 영원을 보내면 좋지 않을까 싶은 생각. 이 사무실에 앉아 있으려니, 후드득후드득 떨어지는 부슬비의 선율이 그의 영혼을 편안하게 만들어 주는 것 같았다.

미끼

교수는 수첩을 꺼내더니 오른쪽 원 아랫부분에 동그라미를 또 하나 그리고 그 테두리에 지그재그로 선을 그렸다. 그 다음에는 원 위 바깥쪽에서 중심에 있는 십자가를 향해 화살표를 그었다.

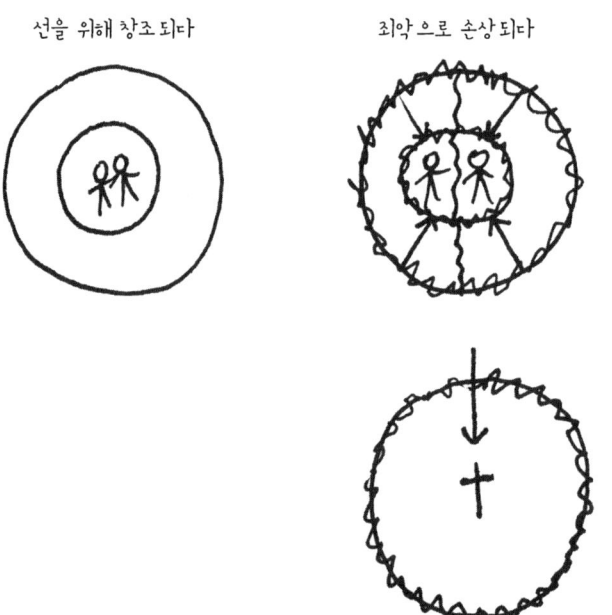

"갈렙" 하고 교수가 입을 열었다. "2,000년 전에 하나님이 예수님의 모습으로 이 땅에 오신 내용은 이미 들었지. 나는 「메시지」(*The Message*)가 이 내용을 풀어 쓴 부분이 맘에 들어. 하나님이 '우리가 사는 곳으로 오셨다.'[1] 예수님은 우리를 가르치시기 위해 우리 이웃으로 오셨던 거야. 어떻게 진정한 삶을 살 수 있는지 말과 행동으로 몸소 보여 주시기 위해 말이야."

"그렇군요." 그 정도는 갈렙도 알았다. 갈렙은 혀를 델까 봐 조심조심 차를 한 모금 마셨다.

"예수님이 장성하여 가르치기 시작하셨을 때 그분의 메시지는 이전에 사람들이 들었던 것과 완전히 달랐지. 당시 랍비들은 자신들이 가르치는 내용의 권위를 주장하기 위해 다른 랍비들의 가르침을 인용했어. 요즘 교수들이 하는 것처럼 말이야. 그런데 예수님은 완전히 다른 권위로 말씀하셨어. 그분이 산상수훈[2]에서 다른 사람의 말을 인용한 경우는, 그 사람의 잘못이나 불완전함을 지적하실 때뿐이었지. 그분은 "진실로 진실로 너희에게 이르노니"라는 말씀으로 가르침을 시작하셨어. 그분이 랍비와 달리 스스로 권위 있는 자처럼 가르치셨기 때문에 청중은 깜짝 놀랐어. 그분은 진정한 선생이셨어. 이해가 가니?"

갈렙은 고개를 끄덕거렸다.

"자, 그러면 예수님의 복음이 무엇이지?" 존스 교수가 물었다.

'아이쿠.' 갈렙은 교수가 자신에게 덫을 놓고 있다는 사실을 감지

했다. 그는 이제 과감히 부딪쳐 보고 싶었다. 존스 교수가 사냥꾼이고 갈렙이 사냥감이라면, 그녀가 그를 살살 다뤄 주리라 믿었기 때문이다. 그는 미끼를 덥석 물었다.

"글쎄요" 하고 갈렙이 운을 뗐다. 그는 손에 든 머그잔을 내려놓고 존스 교수의 수첩을 한 장 넘겨 빈 곳을 찾더니, 두 절벽 사이에 넓은 틈이 있는 유명한 다리 그림을 그렸다. "모든 인간이 죄를 지어 하나님의 영광에 이르지 못했어요. 죄 때문에 죽을 운명이었지요. 그런데 예수님이 우리 대신 죗값을 치르셔서, 우리는 죽은 다음 천국에 갈 수 있게 되었어요."

존스 교수는 월척을 낚은 어부처럼 만족스런 미소를 지어 보였다. "네가 그 다음에 무슨 이야기를 하려는지 알지. 그렇지만 이건 시작에 불과해. 훨씬 더 많은 내용이 있거든. 조금 전에 예수님이 진정한 선생이라고 했지. 그런데 예수님은 복음을 어떻게 설명하셨지?"

고개를 든 갈렙의 두 눈이 휘둥그레졌다. 머릿속이 텅 빈 것 같았다. 그리스도인으로 산 지가 몇 년인데, 이런 질문은 한 번도 받아 본 적이 없었다. '예수님이 복음을 어떻게 말씀하셨냐고? 분명히 말씀하시긴 했을 텐데. 예수님이 복음서에 등장하시니까.' 그런데 떠오르는 성경 구절이 하나도 없었다. 예수님이 언제 복음을 설명하셨는지조차 기억나지 않았다. 턱을 쓰다듬으며 아무리 머리를 굴려 봐도 소용없었다. 얼굴이 확 달아오르고 목 주변에 땀이 나기 시작했다.

"잘 모르겠는데요." 갈렙은 한참을 망설이다 풀 죽은 목소리로 대답했다.

"그런데도 네가 그리스도인이라고?" 존스 교수가 짓궂게 말했다. 그렇지만 갈렙이 아무 반응이 없자 그녀는 다시 진지하게 말했다. "당황할 필요 없어. 예수님이 복음을 어떻게 설명하셨는지 알지 못하는 사람들이 태반이니까 말이야. 정말 놀랄 일이지."

갈렙은 애써 미소를 지어 보였다. 그가 만화 주인공이라면 얼굴이 홍당무로 변했을지도 모른다. 그는 왠지 모를 부끄러움에 고개를 들 수 없었다.

제국

존스 교수가 설명을 시작했다. "먼저, 예수님 시대로 들어가 보자. 예수님은 로마 식민 시대이자 새로운 통치자에 대한 기대감으로 충만한 때에 사셨어. 이방 민족인 로마 제국이 스스로 하나님의 백성이라고 생각하는 유대인을 통치했지. 수백 년 전에 바벨론이라는 이방 땅에서 포로 생활을 했던 때와 비슷했을 거야. 그때나 예수님 시대나 이스라엘 민족은 새로운 왕국을 일으켜 세울 새 왕을 고대했지. 그들은 만사가 바로 세워지는 새로운 거룩한 나라를 고대했어."

"포로 생활과 기대감이라." 갈렙이 반복해서 말했다.

"예수님은 특히 갈릴리 사람들 틈에서 생활하셨지. 그곳 사람들은 우리가 생각하듯이 무식한 시골 사람들이 아니었단다. 당시 그곳은 가장 종교적인 유대인들과 유명한 랍비들을 많이 배출한 지역이었어.[3] 그래서 이방의 영향력에 가장 강력하게 저항했단다. 주후 66년에서 74년에 일어난 로마 제국에 대한 반란이 갈릴리 지역에서 촉발된 것도 다 그런 배경 탓이었지. 갈릴리 사람들은 선동을 잘하는 것으로 유명했고, 예수님도 예외는 아니셨단다. 하지만 예수님은 무력이 아닌 다른 방식을 택하셨지."

갈렙은 이런 이야기라면 하루 종일 들을 수 있을 것 같았다. 문화적인 배경을 이해하는 것은 성경을 이해하는 데 큰 도움이 되었다. '생물학이 안 되면 신학교에나 갈까.' 그는 문득 그런 생각이 들었다.

"자, 그러면 본론으로 들어가 볼까?" 존스 교수는 두 손을 모으면서 이렇게 말했다. "예수님이 말씀하신 복음은 과연 무엇일까? 마가복음 1:14-15을 펴서 읽어 보렴."

"요한이 잡힌 후 예수께서 갈릴리에 오셔서 하나님의 복음을 전파하여 이르시되 '때가 찼고, 하나님의 나라가 가까이 왔으니 회개하고 복음을 믿으라' 하시더라."

"그리스어로 '유앙겔리온'은 '복음'과 '기쁜 소식'을 모두 뜻하는 단어야." 교수가 말했다. "예수님이 말씀하신 복음은 '하나님 나라가 가까이 왔다'는 것이지. 예수님이 이 구절에서처럼 복음의 내용을 분명하게 설명하신 곳은 없단다.[4] '하나님 나라가 가까이 왔다'라는 사실이 바로 복음이야!" 존스 교수는 양팔을 펼치면서 갈렙을 보고 웃었다.

하지만 갈렙은 꿀 먹은 벙어리처럼 멀뚱멀뚱 교수를 쳐다볼 뿐이었다. '아하! 그렇군요'라고 반응해야 마땅할 텐데, 차마 그 말이 입에서 떨어지지 않았다.

존스 교수는 보충 설명을 시작했다. "그러면 이렇게 한번 생각해 보자. '복음'이란 단어는 예수님 시대에 특별한 의미가 있었어. 지금 우리는 그 단어를 종교적인 단어로 간주하지만, 예수님 시대에는 군사 용어였단다. 로마 황제는 로마 제국의 이름으로 땅을 정복한 후에 복음을 전파하기 위해 전령을 보내곤 했어."

존스 교수는 목소리를 내리깔면서 이렇게 말했다. "로마의 새로운 백성이여! 이제는 더 이상 염려하지 말라. 로마 제국이 너희 영토를 양도하여 '팍스 로마나'(Pax Romana), 즉 평화와 번영의 시대를 열겠다. 노상강도나 외적의 침입, 경제 불황에 대한 염려는 떨쳐 버려라. 로마 제국이 너희 모든 필요를 채워 줄 것이다. 카이사르가 너희 주님이요 구세주다!"

"전령들이 정말 그렇게 말했나요?" 하고 갈렙이 물었다. 만일 그렇다면 예수님의 말씀에는 반체제적인 요소가 다분했다.

"거의 비슷하다고 보면 돼. 카이사르는 자국에서 주님이자 구세주였지. 이것이 바로 로마의 복음이었어. 그런데 예수님이 이 군사 용어를 취해서 그분의 '유앙겔리온'을 선포하는 데 사용하신 거야." 예수님 시대에는 로마 제국이 지배 계층이었기에, 그분이 제국의 언어를 빌려 새로운 의미를 담아 사용하신 것은 이해할 만한 일이지."

'그러니까 **복음**이라는 단어는 로마인들이 자신들이 정복한 영토에 전달한 메시지였단 말이지? 천사들이 군대 전령이었다고? 그리고 예수님은 제국의 변방에서 마치 그분의 영토를 되찾기라도 한 양 그 단어를 사용하셨다고?' 유대인들이 예수님께 몰려든 것도 당연하다. 그가 바로 유대인이 고대하는 나라의 새로운 지도자가 될지도 모를 일이었다.

"그거 대역죄 아닌가요?" 갈렙이 물었다.

"이제야 제대로 알아듣는 모양이네." 존스 교수는 차를 한 모금 마시면서 빙그레 웃었다.

갈렙에게 익숙한 예수님은 은은한 미소를 띠고 팔에 어린 양을 안고 계신 그런 분이셨다. 그런데 이제는 혁명가 예수님의 모습이 떠오른다. 총이나 칼 대신 사랑과 희생으로 무장하신 혁명가 예수님. 예수님은 더 이상 수동적인 분이 아니라 지도자 같은 분이셨다. 새로운 종류의 지도자 말이다.

하나님 나라

"좋아, 그러면 이제 예수님이 말씀하신 복음이 뭔지 알았겠지" 하고 존스 교수가 말했다. "그런데 중요한 질문이 하나 더 있어. 하나님 나라가 뭘까?"

갈렙은 그 질문이 자신을 피해 가길 바랐으나, 교수는 답을 기다리는 듯했다. 지금까지의 대화 내용으로 미루어 보아 자신이 생각하는 답은 오답임에 틀림없었지만, 갑자기 질문을 받으니 마땅한 답이 떠오르지 않았다.

"천국?" 하고 과감하게 대답했다.

"맞아!" 하고 그녀가 답했다. 갈렙은 내심 놀랐지만, 그 다음 질문을 듣고는 다시 한 번 좌절할 수밖에 없었다.

"그러면 천국은 뭐지?" 존스 교수는 또 답을 기다렸다. 오늘은 이렇게 갈렙과 여유롭게 시간을 보낼 모양이었다.

"음, 죽으면 거기 가서 하나님과 함께 살지요. 믿는 사람이라면 말이에요." 갈렙은 이렇게 대답하고 잠시 멈췄다. 그녀의 장난스러운 표정을 보니 또다시 무시무시한 덫에 걸린 듯싶었다. 갈렙은 남 앞에서 창피를 당하는 게 영 익숙하지가 않았다.

"좋아. 썩 나쁜 대답은 아니야." 그녀가 감기로 코를 훌쩍거리며 말했다. "갈렙, 기분 나쁘게 생각하진 마. 하지만 그건 온전한 그림은 아니야. 마태복음에 '천국'이란 단어가 나오는데, 아무래도 '하나님 나라'라고 하면 유대인 청중의 기분을 상하게 할까 봐 대신 '천국'(the kingdom of heaven)이란 말을 쓴 것 같아. 그러니까 천국은 사실상 하나님 나라(the kingdom of God)나 마찬가지야."

그건 알 것 같았다. 그는 늘 하나님 나라는 천국을 가리킨다고 생각했기 때문이다. 하지만 존스 교수의 말을 완전히 이해한 것 같지는 않았다.

"'하나님 나라'의 의미는 예수님 시대에 최고조로 무르익었지. 이 말에는 그들이 고대하던 모든 것이 담겨 있었어. 아까 기대감이라고 했던 것, 기억나니? 그래서 예수님은 성경에서 죄, 성, 돈, 섬김, 리더십, 사랑 등 그 어떤 주제보다 더 하나님 나라를 강조하셨지. 무슨 말인지 이해되니?"

"그런데 교수님은 유대인들이 로마 제국을 타도하고 새로운 국가를 시작하고 싶어했다고 하셨잖아요." 뭔가 맘에 들지 않는다는 듯, 갈렙은 이렇게 말했다. 그의 머리는 터지기 일보 직전의 풍선 같았다.

"그랬지! 하지만 예수님은 로마의 용어와 유대인들의 기대감을 취하셔서 한 단계 더 깊은 의미를 부여하셨어. 로마인들은 제국을 소유했고, 유대인들은 로마 제국을 타도하고자 했지. 그러나 예수님은 로마 시민권이나 유대인들의 유산 위에 그 나라를 세우지 않으셨어. 특별한 영토가 필요한 것도 아니었지. 오히려 하나님이 이루시고자 하는 일이 일어나는 곳이 바로 하나님 나라였어. 땅이나 문화, 유산이나 국적은 아무 소용이 없었지. 사람들이 예수님의 삶의 방식을 신뢰하고 그대로 살아갈 때 그곳이 바로 하나님 나라라고 할 수 있어. 땅이 아니라 사람들의 마음속에서 예수님이 진정한 왕이 되시는 곳, 그곳에서 모든 것이 바로잡히지."

"그러니까 예수님은 유대인들이 고대하던 이스라엘 왕국 대신 천국을 알려 주셨네요. '하나님 나라가 가까이 왔다.'" 갈렙은 마지막 말을 곱씹으면서 말했다.

"그렇지. 이 천국에서는 영생, 아니 영원한 종류의 삶[6]을 살게 돼. '영생'으로 번역한 단어의 원어를 살펴보면, '다가올 세대를 살다'라는 뜻이 있어. 그러니까 단순히 영원토록 사는 불멸을 의미한다기보다 영원을 위해 마련한 삶을 산다는 뜻이지. 하나님 나라의 삶을 말하는 거야. 그래서 옛 방식은 지나가고, 새로운 삶이 왔지. 그것이 바로 하나님 나라 곧 천국이야. 천국은 지금부터 시작되어 영원히 이어진단다. 우리는 지금부터 영원히 천국에 들어가는 거야."

그런 다음 존스 교수는 원 가운데 있는 십자가 밑에 사람 형상을 그려 넣었다.

존스 교수의 말은 갈렙의 허를 찔렀다. 전혀 예상치 못한 방향에서 심하게 태클을 걸어오는 수비수에게 당한 기분이었다. 갈렙은 전열을 가다듬고 다시 경기에 임했다.

"잠깐만요. 그러면 교수님 말씀은 지금 우리가 천국에 살고 있다는 건가요?" 갈렙은 이런 질문을 던지고 있는 자신이 너무 의외였다.

"그렇지! 죽을 때까지 기다렸다가 천국에 가는 게 아니라, 지금 우리 주변에 천국이 있어." 이렇게 말하면서 존스 교수는 양손으로 주위를 훑었다. "강의실이나 도서관, 어디를 가든지 우리는 천국에 들어가는 거야." 우리 주변 어느 곳에나 천국이 있거든."

'천국이 죽은 다음에 가는 곳이 아니라, 지금 우리 주변에 있다고?' 갈렙은 무의식적으로 존스 교수처럼 양손으로 허공을 훑었다.

"천국은 우리 주변에 있다." 갈렙은 바보 같지만, 방금 존스 교수가 한 말을 그대로 따라했다. 달리 할 말이 없었다.

"그렇지! 그런데 또 다른 반전이 있어. 유대인들에게 성전이란 하나님이 계시는 곳, 그분이 임재하시는 장소였어. 그곳에서 하늘과 땅이 교차했지.[8] 그런데 예수님은 성전마저도 재정의하셨어. 성전은 더 이상 건물이 아니라 그분의 몸이라고 말이야. 이제 성전이 되신 그분의 몸에서 하늘과 땅이 만났지. 무슨 말인지 알아듣겠니? 그래서 바울이 그 표현을 **우리**가 그분의 몸이라고 달리 표현했을 때는, 하늘과 땅이 어디서 만나는지 짐작이 가니? 그래, 그곳은 바로 성도들의 공동체야. 그곳에 하나님이 임재하시고, 거기서 이 땅에 임한 천국을 볼 수 있지."

그녀가 이어서 말했다. "하나님 나라는 특정 국가나 정부에 제한되지 않고, 예수님을 믿고 따르는 사람들이 모인 곳이야.[9] 그곳이 천국이지. 가난한 자들이 배를 채우고, 헐벗은 자들이 옷을 입고, 병든 자들이 치유되며, 열방과 다른 사람들 그리고 하나님과 맺은 모든 관계가 회복될 때, 하나님 나라는 '하늘에서 이루어진 것같이 땅에서도' 이루어져. 그 나라는 여기 우리 주변에 있어."

'우리 주변에 있다.' 갈렙은 마음속에 그리고 자기 주변에 하나님이 임재하신다는 사실을 알았다. 또 하나님의 임재가 충만한 곳이 바로 천국임을 알았다. 단지 두 사실을 하나로 보지 못했을 뿐이다. 그것은 굉장히 강력한 메시지였다. 죽은 다음에나 기대했던 천국이 실제로 이 땅에서 이미 시작되었다. 천국은 이미 시작되었다.

갈렙이 다시 말문을 열었다. "그러니까 예수님 시대 사람들은 천국을 하나님이 계신 곳, 그분이 임재하신 곳으로 생각했다는 거군요. 사후의 천국은 하나님의 임재가 충만한 곳이고요. 이 세상 끝날, 우리는 천국이 온전히 임하는 것을 보겠군요. 하나님 나라가 이 땅 구석구석을 다스리게 될 테니까요." 그는 젖 먹던 힘까지 동원해 자기 신학을 끌어 모아 큰 그림을 그려 보려고 애썼다.

존스 교수는 미소를 띠며 고개를 끄덕였다. 갈렙은 조금씩 감이 잡히기는 했지만, 그녀가 자꾸 새 포도주를 자신의 헌 부대에 들이붓는 듯한 느낌을 지울 수 없었다. 부대가 터지지 않고 버텨 주기만을 바랄 뿐이었다.

다양성

"그러면 하나님 나라의 복음은 뭐지?" 존스 교수가 질문하며 말을 이었다. "예수님의 복음에서 핵심은 '찼다'와 '가까이 왔다'라는 두 동사지. 첫 번째 동사는 때, 그리스어로는 정해진 시간, 약속된 시간, 사람들이 기다려 왔던 그 시간을 가리켜. 그때, 즉 예수님이 사역을 시작하시는 그때가 '찼다'는 것이 바로 기쁜 소식이지. 왕이 오셨기에 왕국이 임한 거야. 두 번째 동사는 공간, 즉 하나님 나라가 가까이 왔다고 말해. 천국은 손을 내밀면 닿을 만큼 가까이 있어. 그래서 두 동사를 결합하면 이 복음의 충격이 확 살아나지. 우리가 고대하던 하나님 나라는 이미 임했고, 바로 지금 그 나라에서 살고 있어. 하나님 나라는 미래의 일이 아니라 지금, 여기에 있어."

"십자가와 부활 이전에 말인가요?" 하고 갈렙이 물었다.

"그래. 예수님은 십자가 사건 이전에 하나님 나라를 선포하셨어. 물론 십자가와 부활은 아주 중요한 문제지."

"하지만 어떻게 십자가와 부활 이전에 하나님 나라가 가능한가요?" 갈렙이 존스 교수의 말을 끊고 질문을 던졌다. "그럼 십자가와 부활은 아무것도 아닌가요?" 존스 교수를 비난하려는 의도는 없었지만, 갈렙은 흥분한 상태였다. 지금 십자가와 부활을 통틀어 격하하려는 심산이 아닌가?

하지만 존스 교수는 침착하게 대답했다. "조금 전에 말했듯이, 십자가와 부활은 매우 중요한 문제야. 하지만 그 문제에 대한 의견이 아주 분분하단다. 속죄 이론만 해도 한두 가지가 아니야. 이단은 물론이고 교회 내부에도 네가 알지 못하는 아주 다양한 해석이 있어. 기독교 역사 초반부의 이론을 하나 소개해 볼게. 인류의 반역으로 사탄은 인간을 포로로 잡고 있어. 그런데 하나님이 사탄으로 하여금 예수님을 인류의 몸값으로 취하게 하신 거지. 이게 바로 신학자들이 이야기하는 배상설(ransom theory)이야. 사탄은 제안을 수락했고, 인간을 내주는 대가로 예수님을 죽였지. 사탄은 자기가 이겼다고 생각했지만, 예수님은 다시 사셨어. 그렇게 하나님은 당신 아들도, 당신이 창조하신 사람들도 다시 얻으셨지."

"다른 속죄 이론도 많아. 하지만 내가 하고 싶은 말은, 예수님의 죽음과 부활이야말로 가장 중요하다는 것이지. 우리가 그리스도와 연합했다[10]는 바울의 말이 난 참 맘에 들어. 왜곡되고 잘못된 것은 모두 그분과 함께 죽었어. 성경은 그것을 옛 사람이라고 하지.[11] 하지만 바른 것은 예수님 안에서 모두 되살아났어. 그것이 바로 새 사람이야.[12] 그래서 우리는 날마다 자기 십자가를 지고[13] 진정한 부활의 삶을 살 수 있는 기회를 얻어. 예수님만이 주실 수 있는 삶이지.

십자가를 바라보는 또 다른 시각은 새로운 삶으로의 초대, 즉 하나님 나라의 삶에 참여하는 것으로 생각하는 거야. 우리는 날마다 자기 자신을 희생하고, 죽기까지 다른 사람을 사랑하는 거지."

'다양한 속죄 이론이라고? 도대체 어떤 게 맞는 거야?' 갈렙은 예수님이 자기 몸을 먹고 피를 마시라고 말씀하셨을 때[14] 그 자리에 있던 제자가 된 기분이었다. 감당하기 버거운 가르침이었다.

"이와 관련된 성경 구절을 좀 보여 주실 수 있나요?" 존스 교수는 한 구절씩 차근차근 찾아서 보여 주었다. 그 말씀들은 이해가 갔다. 하지만 그에게는 하나같이 생소한 가르침이었다. "그러니까 이게 십자가를 바라보는 한 가지 방식이라고요?"

"그렇지. 그밖에도 많은 이론이 있어. 십자가 사역은 한 가지 이론으로 설명하기에는 너무 크지. 이 각각의 이론에는 조금씩 진리가 담겨 있어서, 예수님이 십자가에서 하신 일의 중요성을 잘 보여 주지. 하지만 이 이론들을 다 모아야만 비로소 십자가 사역의 큰 그림을 볼 수 있단다. 나는 간단한 이론 한 가지만 소개했지만, 각각 다 연구해 볼 만한 가치가 있어."

"다른 이론들도 설명해 주실 수 있나요?"

두 사람은 십자가 사역을 해석하는 다양한 방법을 살펴보았다.[15] 하나님의 분노를 달래는 것, 다른 이의 형벌을 대신 받는 것, 노예를 자유롭게 해주는 것, 가족간의 화해 등. 갈렙은 머릿속에 또 다른 메모, '속죄 이론 연구'를 추가한 후, 계속 귀를 기울였다.

변화

존스 교수가 재채기를 하더니 손을 뻗어 휴지를 찾았다. "자, 그렇다면 예수님은 우리가 그 복음에 어떻게 반응하기를 바라실까? 그분은 회개하고 복음을 믿으라고 말씀하셨어. 그러니까 두 가지 반응이 필요한 거지. 첫째, 회개. 사람들은 회개를 종교 용어로 생각해. 수사들이 엄청 커다란 성경으로 자신의 머리를 때리는 코미디 쇼를 생각해 봐." 존스 교수가 웃음을 터뜨렸다. "하지만 이것은 종교 용어가 아니었어. 원래 '회개'라는 단어는 '마음의 변화'라는 뜻이었어.[16] 회개란 한 개인의 전반적인 사고방식을 바꾸거나 자기 주장을 포기한다는 뜻이야. 주후 66년, 요세푸스라는 유대인 역사가는 로마에 폭력 시위로 대항하려는 반체제 인사를 만났어.[17] 그는 물론 갈릴리 출신이었지. 요세푸스는 그 사람에게 회개하고, 즉 반란을 일으키려는 마음을 바꿔서 자신과 유대 귀족들을 한번 믿어 보라고 했어."

'회개에도 또 다른 의미가 있다고?' 갈렙이 속으로 생각했다.

"둘째, 믿는다는 것은 머리로만 동의하는 것 이상을 의미해. 이 동사에는 그 대상을 신뢰한다는 뜻이 담겨 있어.[18] 성경에서 '믿음'이라는 단어가 눈에 띌 때마다 이 뜻을 명심하렴. 영어에서 믿음(belief)과 신뢰(trust)라는 단어에는 큰 차이가 있지. 믿음은 사람들이 사실이라고 생각하는 거야. 예를 들어, 물은 원자들이 H₂O라는 구조로 모인 거야. 우리는 그 사실을 믿지만, 그 사실이 우리 생활에 별 다른 영향을 미치지는 않아. 그렇지만 신뢰는 우리 삶을 변화시켜. 우리는 새로운 발견에 비추어 행동하지. 옛 이야기를 예로 들어 설명해 보면 이런 거야. 어떤 줄타기꾼이 남을 등에 업고 나이아가라 폭포 위의 줄을 건너갈 수 있다고 호언장담해. 그 사실을 믿는 사람은 '그래, 당신 참 잘할 것 같소'라고 말하지만, 그를 신뢰하는 사람은 '내가 당신 등에 업히리다!' 하고 말하지."

갈렙은 존스 교수의 말을 전부 이해할 수 없었지만, 그와 의견을 달리하는 부분조차 결론은 같았다. 그것은 바로, 그가 복음이라고 생각했던 것이 사실은 큰 그림의 일부에 불과했다는 사실이다. 생각만 해도 소름이 끼쳤다. 자기 믿음에 의문을 품은 적은 있지만, 완전히 새로운 진리를 껴안는다는 건 전혀 다른 문제였다.

"그래서 그들은 무엇을 신뢰했을까?" 존스 교수가 계속 이야기했다. "복음을 신뢰했지. 예수님은 사람들에게 '팍스 로마나'가 아니라 이 새로운 나라에 충성하라고 요구하셨어. '먼저 그의 나라와 그의 의를 구하라. 그리하면 이 모든 것을 너희에게 더하시리라.'19) 로마 제국이 아니라 하나님 나라를 섬기라. 이것은 새로운 메시지였을 뿐 아니라 기존 사회 질서를 파괴하는 위험한 메시지였지."

"그 메시지는 정의가 아니라 의로움을 선포해야 하지 않나요, 교수님?" 하고 갈렙이 물었다. 언뜻 그런 생각이 들어서 말했지만, 결코 잘난 체하려는 의도는 없었다. 갈렙은 정말 그 답이 궁금했다.

"정확히 봤어, 갈렙." 존스 교수가 말했다. "맞아. '의로움'은 좋은 말이지. 하지만 요즘 사람들이 그 뜻을 변질시켰어. 사람들은 '의로움'이라고 하면 '개인의 거룩함과 고결한 성품'을 떠올려. 하지만 예수님 시대에는 다른 뜻도 있었지. '의로움'이란 말에는 정의라는 뜻도 있어.[20] 응보나 처벌이 아니라 모든 사람이 공평하게 대우받는다는 뜻에서 정의 말이야. 히브리어 '샬롬'이라는 개념과도 같지. 모든 사람을 위한 평화, 모든 사람을 위한 올바른 관계, 모든 사람을 위한 정의. 단순히 의로움의 문제가 아니라 우리 주변을 둘러싼…."

가죽 부대

갈렙이 갑자기 두 팔을 크게 내저었다. 이성을 잃고 질주하는 운전자를 말릴 때 하듯이 말이다. "잠깐만요. 모든 것을 지금, 여기의 문제로 말씀하시는 듯한데요. 궁금한 게 한 가지 있어요. 복음은 내가 죽은 다음 어디로 가는지에 대해선 전혀 언급하지 않나요?" 흥분한 갈렙은 지금 자신이 숨을 가쁘게 몰아쉬고 있는 것도 몰랐다.

"물론, 언급하지. 하지만 복음은 훨씬 더 큰 이야기란다." 존스 교수가 말했다. "골로새서 1:19-20을 읽어 보렴."

갈렙은 책장을 넘겨 골로새서를 찾았다. "아버지께서는 모든 충만으로 예수 안에 거하게 하시고, 그의 십자가의 피로 화평을 이루사 만물 곧 땅에 있는 것들이나 하늘에 있는 것들이 그로 말미암아 자기와 화목하게 되기를 기뻐하심이라."

"알겠니? 예수님의 죽음으로 만물 곧 땅에 있는 것들이나 하늘에 있는 것들이 다 하나님과 화목하게 되었어. 모든 인간 관계와 가족 관계와 공동체가 그렇게 되었지. 사람들은 서로 용서하고 용서받아 제대로 된 관계를 누릴 수 있게 되지. 서로 화해하게 된 거야. 모든 피조물 또한 구속받아 화해에 이를 수 있게 되었어."

그녀는 생각나는 대로 예를 들기 시작했다. "영화, 음악, 미술, 랩, 춤, 시, 코미디, 문학, 정부, 정치, 문화, 돈 등 예수님은 이 모든 것을 위해 죽으셨기에, 모든 것이 회복되어 하나님과 화목하게 되었어. 다른 목적에 충성했던 것들이 전부 하나님의 선한 목적에 다시 부합할 수 있게 되었어. 하나님은 그저 이 세상에 사는 사람들만 구원하시지 않고, 이 세상 전부를 구원하신 거야."

그런 다음 존스 교수는 세 번째 동그라미 위에 '더 나은 모습으로 회복되다'라는 글귀를 적어 넣었다.

선을 위해 창조되다

죄악으로 손상되다

더 나은 모습으로 회복되다

더 나은 모습으로 회복되다

"하지만 예수님은 저를 구원하신 게 아니었나요?" 갈렙의 목소리가 떨리고 있었다. 그녀의 말이 옳다고 느꼈지만, 그는 갈수록 혼란스러웠다.

"글쎄" 하면서 그녀는 조금 머뭇거리는 듯했다. "물론 너를 구원하셨지. 하지만 구원은 그보다 훨씬 더 크단다. 예수님은 우리뿐 아니라 이 세상을 구원하셨어. '구원하다'라는 단어의 원어를 살펴보면 '건지다' 또는 '치유하다'라는 뜻도 있어. 그러니까 우리는 우리 죄에서 구원-건짐-치유를 받았고, 지금도 구원-건짐-치유받으며, 언젠가 죄에서 완전하게 구원-건짐-치유받을 날이 올 거야. 그분은 너를 영원한 형벌에서 구하셨을 뿐 아니라, 네 죄가 불러올 파멸과 네 죄의 결과인 악에서도 구원하셨지. 맞아, 예수님은 너를 구원하셨어. 하지만 그저 네 죄에 대한 형벌에서만 건져내신 것이 아니란다. 네가 범한 모든 죄는 물론 죄 그 자체에서 너를 구원하셨어.[21] 그렇게 하신 이유는 단지 너 때문만이 아니라 온 세상을 위해서였단다."

"세상이라니, 무슨 말씀이시죠?"

존스 교수는 자세를 고쳐 앉았다. "내 말은, 예수님이 너와 나만 구원하시지 않았다는 뜻이야. 그분은 우리가 관계하는 모든 것을 구원하고-건지고-치유하셨어. 인종주의나 물질주의처럼 우리를 둘러싼 구조 위에도 그와 똑같은 일을 하고 계시지. 국가나 정부, 학교와 교회, 문화에 대해서도 다 마찬가지야. 이 모두가 더 나은 모습으로 회복될 수 있어."

한편으로, 이 새로운 메시지는 갈렙이 성경에서 기대했던 것만큼 그의 의문들에 상세히 답을 주었다. 구원이 과거와 현재, 미래 시제로 존재한다는 사실도 잘 알고 있었다. 하지만 구원이 곧 치유요 건져 냄이란 말은 무엇이며, 십자가에 대한 다양한 해석은 또 무엇이란 말인가? 십자가 죽음과 부활이 개인을 위한 게 아니라 온 세상을 위한 것이라고? '회개', '믿음', '천국', '복음', 심지어 '천사'의 원래 뜻이 따로 있다니? 모든 게 너무 낯설기만 했다. 그가 자라면서 배운 신앙은 다 무엇이란 말인가? 이제 그 신앙은 모두 쓸데없는 것인가? 그건 또 아닌 것 같았다. 그렇다면 과연 진실은 무엇인가? 무엇이 진짜인가? 진짜 복음이 있다면 자리에서 일어나 주시겠습니까?

"그러니까 지금까지 저는 헛것을 믿었네요."

"아니지. 네가 믿은 것도 틀리진 않지만, 완벽하지는 않단 얘기야. 너는 이야기의 일부만 믿었던 거야. 하지만 예수님은 우리가 더 온전한 진리를 알기 원하셔."

하지만 갈렙은 교수의 말을 듣지 않았다. 드디어 가죽 부대가 터져 버린 것이다. 어색한 침묵의 시간이 흘렀다. 갈렙의 손에 있던 펜이 바닥에 떨어졌다. 더 이상은 견딜 수가 없었다. 이런저런 생각들이 진흙탕 속을 헤엄치고 있었다.

갈렙은 두 손으로 의자 팔걸이를 잡고 서서히 몸을 일으켰다. 그가 자리에서 일어서자 놀라서 눈이 휘둥그래진 교수와 일부러 눈도 맞추지 않았다. 혼수상태에 빠진 것처럼 사방이 희미해졌다. 교수도,

책도, 의자도 온데간데없었다. 그는 아무 말 없이 뒤돌아서서 코트를 손에 든 다음 사무실 밖으로 걸어 나왔다. 존스 교수가 걱정스러운 표정으로 그의 이름을 불렀지만, 아랑곳하지 않았다. 그는 건물 출입구를 빠져나와 빗속으로 걸음을 내디뎠다.

거룩함

갈렙은 교내를 어슬렁거렸다. 그의 생각들을 견고하게 붙여 주었던 접착제가 순식간에 다 녹아 버렸다. "이봐! 좀 똑바로 보고 다녀!" 자전거를 타고 가다가 갈렙을 피하느라 진흙물을 뒤집어쓴 학생이 고함치는 소리가 희미하게 들렸다.

갈렙은 빗물을 털어 내지도 않고 곧바로 차에 올라 집으로 향했다. 현관에 들어서자 엄마가 잘 다녀왔냐고 물었지만 대꾸도 없이 방으로 휙 들어가 버렸다. 문을 잠그고 침대에 벌렁 드러누웠다. 귀찮아서 이불도 덮지 않았다.

얼마나 지났을까. 눈을 떠서 침대 옆 야광 시계를 보니 9시가 조금 넘은 시각이었다. 벌떡 일어나 앉아 교수와 나눈 대화를 다시 곱씹어 보았다. 그녀의 말이 사실이라면, 그는 자신이 믿는 모든 것에 의문을 제기해야 했다. 그녀 말이 옳았다. 그녀는 그의 신앙에 건물 해체용 철구를 들이밀었다. 철구가 몇 번 왔다 갔다 하니 지붕과 다락, 천장과 벽, 문과 창문, 어느 것 하나도 온전하지 못했다.

그의 두 눈동자가 어둠 속에서 빛났다. 존스 교수가 그에게 예수님이라는 기초가 있다고 말했던 것이 생각났다. 모든 것이 무너져 내려도, 예수님은 여전히 (애나의 표현을 빌리자면) 멋진 분이었다. 지금에 와서 느끼는 다른 점이 있다면 이전보다 훨씬 더 크고 우리에게 필요한 분으로 여겨진다고나 할까. 그분은 이 세상을 위해 혁명을 도모하셨다. 마음속 깊은 곳을 잘 들여다보면, 예수님은 절대적으로 신뢰할 만한 분이시다. 지금처럼 심경이 복잡할 때조차 말이다. 이 시기를 통과한 후 그의 신앙이 어떻게 달라질지 알 수 없었지만, 한 가지 확실한 것은 그가 이전보다 더욱 예수님을 사랑하고 신뢰한다는 사실이었다. 그는 예수님이 예배받으시기에 합당한 분이라고 믿었다. 이 사실도 이전보다 지금이 훨씬 더 절실하게 느끼고 있었다.

갈렙은 침대에서 일어나 바닥에 조용히 무릎을 꿇었다. 손을 모아 침대 위에 올려놓고 눈을 감은 후 잠잠히 기다렸다. 어디서 바람이 불어오나 싶더니 감전된 것처럼 온몸에 소름이 돋았다. 머리끝이 쭈뼛쭈뼛 서는 듯했다. 어둠 속에서 번개가 그를 휘감은 듯한 느낌이었다. 평소의 모습은 온데간데없이 사라지고, 그의 방은 거룩한 곳으로 변했다. 갈렙은 신발을 벗고 있어서 정말 다행이다 싶었다.

"예수님" 하고 갈렙이 소리내어 말했다. 큰 소리는 아니지만 격앙된 음성이었다. "지난 몇 달간 제가 얼마나 고민했는지 잘 아시지요. 주님을 온전히 따르며 당신만이 제 삶의 목적이 되시기를 간절히 원합니다. 주님을 신뢰합니다. 그 어느 때보다도 더 당신을 신뢰합니다. 예수님, 바로 지금 당신이 필요합니다."

목소리가 갈라지고, 눈에는 눈물이 고였다. "뭐가 뭔지 하나도 모르겠습니다. 주님 말씀을 속속들이 다 알고 있다고 생각했습니다. 그런데 이제 보니 제대로 아는 게 하나도 없어요. 혼란스럽습니다. 무엇이 옳고 그른지, 무엇이 진실이고 가짜인지 모르겠어요. 하지만 주님이 선한 분이라는 사실은 확실히 압니다. 당신을 따르고 싶습니다."

그는 누군가 그 기도를 듣고 계신다고 믿었다.

"예수님, 정말로 기대가 크지만 무척 두렵기도 합니다. 저를 올바른 길로 인도해 주세요. 주님 말씀이 아닌 것을 배운다면 속히 잊게 해주세요. 동이 서에서 먼 것처럼, 아주 멀리하게 해주세요. 하지만 당신의 가르침이라면 비록 처음에는 받아들이기 힘들지라도 제 마음에 심어 주시고 주님의 도를 밝히 보여 주시기 원합니다. 예수님, 바로 지금 주님이 필요합니다. 저를 인도해 주세요. 도와주세요. 도와주세요…."

뜨거운 눈물이 뺨을 타고 흘러내리셨다. 그는 잠시 무릎을 꿇고 앉아 있었다. 이 시간이 끝나지 않기를 바랐다. 그는 그분의 음성을 기다리며 귀를 기울였다. 잠시 후 목소리가 들려왔다. 아니, 사실은 어떤 직감이나 느낌에 가까웠다. 물론 단순한 직감이나 느낌은 아니었다. 그게 정확히 무엇인지 알기는 힘들었지만, 그 목소리가 전달하는 내용만큼은 확실했다. "내가 너와 함께할 것이다."

그러자 그는 어깨를 들썩이며 봇물이 터지듯 흐느끼기 시작했다. 흘러내리는 콧물과 눈물과 기도가 뒤범벅되었다. 언뜻 보기에는 그

다지 거룩해 보이지 않았지만, 실제로 얼마나 거룩했는지 모른다. 그의 가슴은 감사로 터질 것만 같았다. 열정적인 기도가 쏟아져 나오기 시작했다. 손으로는 침대를 두드리면서 입에서는 찬양과 예배가 터져 나왔다. 한 시간쯤 그렇게 기도했을까. 답답했던 마음이 풀리고, 고요한 평안이 찾아왔다. 그는 샬롬을 되찾았다.

갈렙은 한동안 말없이 미소를 짓다가 크게 심호흡을 하고는 휴대전화를 꺼내 들었다. 3번 버튼을 꾹 눌렀다. 잠시 후 데이브가 전화를 받았다.

운동

애나와 갈렙은 메모리얼 웨이를 걸어 지하 주차장 앞에 도착했다. 고색창연한 건물들 틈에 어색한 현대식 건물이 떡 하니 자리잡고 있었다. 법과 대학 건물인데 마치 방치된 온실 같은 모양을 하고 있었다. 그 건물을 보고 있노라면, 온실 속에 있는 사람들이 돌이라도 던져 주었으면 하는 바람이 들었다.

"천국은 단순히 사후 세계가 아니야." 이 메시지를 복음으로 받아들이느라 고군분투했던 갈렙이 말을 꺼냈다. "좀더 정확히 말하자면, 하나님 나라는 사후 세계 이상의 곳이지. 국가는 통치자의 명령을 수행해. 미국으로 치면, 통치자는 우리 정부지. 예수님 시대에는 카이사르의 로마 정부가 통치자였어. 그런 배경에서 예수님이 새 국가를 건설하기 위해 오신 거야. 그분은 혁명을 일으키고 저항 운동 세력을 규합하셨지. 하지만 폭력을 동원한 국가 전복이 아니라, 모든 사람을 진정으로 사랑하고 섬기는 국가를 세우셨어."

"꼭 공산주의자가 하는 말처럼 들리네." 애나가 농담을 던지면서 갈렙의 반응을 유도했다.

갈렙은 미소를 지었지만 여전히 진지했다. "글쎄, 하나님 나라에 정치색을 입힐 수 있다고는 생각지 않아. 그건 새로운 삶의 방식인 동시에 새로운 관계를 맺고 조직을 세우는 전혀 놀라운 방식이었지. 이 저항 운동의 지도자이신 예수님은 자기 백성으로 하여금 또 다른 사람들을 불러 모아 이 새로운 삶에 동참하게 하셨지. 그 나라에서는 사람들이 올바른 삶을 살고, 올바른 관계를 맺으며, 올바른 체계를 세워 모든 사람과 사물이 공평한 기회를 가질 수 있어. 샬롬의 나라, 하나님이 임재하시는 곳 곧 천국이지. 그러니까 천국은 우리 가까이 있고, 그분은 우리를 그 나라의 일원으로 초대하셔."

"유토피아 이론이네." 애나가 말했다.

"꼭 그렇진 않아. 하나님 나라는 일부 작가들의 상상력에 기초한 소설이 아니라 현실에 뿌리내리고 있거든. 지난 2,000년간의 주요한 사회 운동들, 예를 들면 공교육, 고등교육, 문맹퇴치, 아동 인권, 노예제 폐지, 인권, 공민권, 여성 투표권 등을 한번 봐. 이것들을 시작한 사람들이 누군지 아니? 바로 기독교인들이야."

"잠깐만." 애나의 얼굴에서 웃음기가 사라졌다. "그런 말도 안 되는 이야기는 하지도 마. 십자군 전쟁과 종교재판을 필두로 기독교인들이 무고한 사람을 얼마나 많이 죽였는지 몰라?" 애나의 말이 점점 더 빨라졌다. "하나님을 두려워한다는 청교도들은 인디언 이웃들에게 천연두 환자들이 사용하던 담요를 건네줬어. 신대륙 정복자들이 아즈텍 족과 잉카 문명에 저지른 행동은 또 어떻고? 이 스페인 사람들은 예수님의 이름으로 소위 이방인을 개종한다는 미명하에 총과 병균을 들이밀었어. 기독교인들도 나쁜 짓을 많이 했다고, 갈렙."

"그래, 나도 알아." 갈렙이 항복의 표시로 두 손을 들며 재빨리 대답했다. "기독교인들이 그런 일도 저질렀지. 우리가 다 잘했다는 말이 아니야. 잘못에 대해선 정말 유감스럽게 생각해. 기독교인들이 예수님의 이름으로 옳지 못한 일도 많이 했지. 솔직히 말해서, 기독교인들이 그런 일을 저지를 때 예수님은 눈물을 흘리셨을 거야. 기독교인들은 그분의 뜻이라고 생각했겠지만, 예수님은 결코 용납하지 않으셨을 일이지. 이런 일들을 통해 기독교인들이 교훈을 얻었길 바라지만, 아직도 옛 습관을 완전히 떨쳐 버리지 못한 것 같아."

"우파처럼 말이지." 애나가 성조기를 가리키며 쏘아 붙였다.

"애나, 그게 공정한 평가인지는 잘 모르겠지만, 어쨌거나 오늘날에도 기독교인들이 예수님의 모습을 반영하는 선한 행동을 하지 못한다는 사실은 정말 유감이야. 기독교인들이 이런 끔찍한 일을 저지르긴 했지만 그건 다른 사람들도 마찬가지가 아닐까? 사람들은 다 똑같아. 어마어마한 악의 잠재력을 갖고 있지. 또 내가 보기에는 대중매체나 역사책에 기독교인들이 잘한 일은 제대로 소개되지 않은 것 같아. 실제로 선행도 많이 하거든. 나는 그저 균형잡힌 시각을 전해 주고 싶었을 뿐이야."

애나는 팔짱을 낀 채 아무 말이 없었다. 갈렙이 계속 말을 이었다.

"공산주의를 한번 생각해 봐. 공산주의는 확실히 반종교운동이지.

마르크스가 '종교는 대중의 아편이다'라고 말한 거 기억나지? 하지만 스탈린과 마오는 수억 명의 사람을 죽였다고! 기독교와는 비교도 되지 않는 숫자야.[22] 또 제2차 세계대전 같은 전쟁의 희생자들을 생각해 봐. 사실, 매년 16만 명의 기독교인이 신앙 때문에 목숨을 잃어.[23] 오히려 이제는 기독교인들이 박해를 당하는 쪽이지."

애나는 아무 말이 없었다. 갈렙은 애나가 호기심을 보이는 것인지, 화가 난 것인지 알 수가 없었다. 갈렙을 호되게 야단이라도 칠 태세였다. 하지만 난생 처음 듣는 이야기에 귀를 기울이고 있는 것만은 틀림없었다. 그런데 머릿속으로는 딴생각을 하고 있었던 모양이다.

"간디는 어때? 비폭력 저항 운동을 한 간디 말이야. 그 사람은 힌두교잖아?" 하고 애나가 물었다.

"간디는 예수님을 깊이 존경해서 그분의 산상수훈에서 비폭력 운동의 이론을 많이 배웠다고 했어.[24] 간디도 너처럼 소위 서양 기독교라는 것을 혐오했지. 그러니까 간디의 비폭력 저항 운동도 부분적으로는 기독교 사상에 기초한 거야. 좀더 최근 인물로는 마틴 루터 킹 주니어, 하이메 신 추기경, 오스카 로메로, 보노 등이 있어. 폭력을 사용하지 않고도 정부와 사회, 심지어 그들을 박해하는 이들에까지 영향을 끼친 신앙인들이지."

애나는 계속해 보란 듯이 팔짱을 낀 채 갈렙을 바라보았다.

중심

'주님, 제발 도와주세요.' 갈렙은 마음속으로 기도했다.

"좋아, 애나." 갈렙이 입을 열었다. "예수님 이야기부터 다시 시작해 보자."

"좋은 생각이야." 애나가 잽싸게 대답했다.

갈렙은 존스 교수의 다이어그램에서 세 번째 원을 떠올렸다. "예수님은 세상을 더 나은 곳으로 회복하시기 위해 저항 운동을 시작하셨어. 하지만 그분만의 독특한 방법으로 하셨지. 폭력 타도나 살인 대신, 원수의 손에 자기 목숨을 맡기신 거야. 세상이 죄악으로 병들었기에, 예수님은 그 중심으로 들어가 스스로 그것을 짊어 지셨지. 그분은 아주 가혹하게 죽임을 당하셨어. 그 죽음으로, 우리도 우리 내면의 악을 죽일 수 있게 되었지. 모든 악과 그 세력은 예수님과 함께 십자가에서 종말을 맞았어. 성경은 우리가 예수님과 함께 죽었다고 기록하지."

"우리가 죽었다고?" 애나가 의심스런 눈초리로 물었다.

"응. 하지만 예수님은 사흘 뒤에 다시 살아나셨어. 악을 정복하셨기에 죽음도 더 이상 그분을 어찌할 수 없었지. 그래서 우리가 그분과 함께 죽는다면,[25] 그분 안에서 새로운 삶을 살 수 있어.[26] 그분과 함께 부활하는 거지. 예수님은 우리가 마땅히 당해야 할 죽음을 대신 짊어지셔서, 우리 힘으로는 도저히 살 수 없는 삶을 주셨어. 예수님은 부활로써 자신이 우리를 살릴 수 있는 해독제를 가지고 계신다는 사실을 증명하셨지. 이런 식으로 한번 생각해 보면 어떨까. 면역법에는 두 가지 종류가 있어. 능동 면역법은, 병균을 조금 투입하여 인체가 시간이 흐르면서 항체를 만들어 내게끔 하지. 하지만 목숨이 위태로운 긴급 상황에서는 수동 면역법을 사용할 수도 있어. 진짜 항체를 몸에 투입하는 거야. 예수님도 수동 면역법을 사용하신 거지. 죄악에 대항할 수 있는 항체를 우리에게 주입해 주셨어. 옛 것은 가고, 새 사람이 되었지. 용서받고, 새로운 변화가 시작된 거야."

"우리가 예수님 안에서 죽고 산다고?" 애나는 회의적이었다. "이봐, 갈렙. 그게 무슨 소리야? 넌 아직 말짱히 살아 있고, 예수님이 리모컨으로 로봇처럼 널 조정하시는 것도 아니잖아."

"맞아. 하나님은 나를 정말로 사랑하셔서 그런 식으로 조정하시지는 않아. 그분은 내 곁에 계시면서, 내가 스스로 항체를 만들어 내는 방법을 알아내길 원하시지. 우리는 날마다 예수님과 함께 죽을 기회가 있어. 이웃 사랑을 방해하는 모든 악한 것을 날려 버릴 수 있지. 또 우리는 날마다 예수님 안에서 살 수 있어. 예수님은 우리가 이 세상에서 보기 원하는 선한 사람이 될 수 있게 우릴 도우시지. 우리는 그분의 죽음과 부활에 참여하여, 악한 자아에 대해서는 죽고 새로운 삶을 살 수 있어. 용서받고 사랑받는 삶 말이야. 우리는 삶에서 그분을 신뢰할 수 있기에, 죽음에서도 그분을 신뢰할 수 있어. 우리는 스승 되신 그분의 도를 따르지. 그렇게 하나님 나라에서 살기 시작하는 거야. 천국이 우리에게 찾아오지. 가는 곳마다 우리는 천국을 살아가고, 그 자비와 공의를 맛보게 돼."

애나는 팔짱을 풀었지만, 질문은 끝이 없었다. "그러면, 지금 이 세상은 어떻게 된 거야? 기독교인들이 정말로 네 말과 같다면, 세상이 좀 달라져야 하는 거 아냐? 하지만 네 말과 달리, 기독교인들은 계속해서 잘못을 저지르고 있어. 넌 유토피아를 말하지만, 이 세상은 전혀 그렇지가 못하잖아!"

"좋은 질문이야" 하고 갈렙이 말했다.

전투

애나와 갈렙은 지하 주차장으로 내려가는 엘리베이터를 기다렸다. 엘리베이터를 기다리는 학생이 많아서 발 디딜 틈이 없었다. 갈렙은 대화를 이어가고 싶었지만 침묵을 지키는 학생들 사이에서 입이 떨어지지 않았다.

엘리베이터 문이 열리고 학생들이 올라탔다. 각자 엘리베이터 조명만 멀뚱멀뚱 쳐다볼 뿐 아무도 말을 꺼내지 않았다. 애나의 차가 주차된 층에서 문이 열리자, 그곳의 탁한 공기가 훅 들어왔다. 엘리베이터에서 내리던 갈렙은 재채기를 해 댔다. 그 바람에 다시 대화를 시작할 타이밍을 놓쳐 버렸다.

카페 드륀에서 시작한 대화는 메모리얼 웨이를 따라 이곳까지 이어졌다. 이 시점에서 대화를 밀어붙이는 게 다소 위험할 수도 있었다. 재즈 공연에서 연주자들이 마지막으로 즉흥 연주를 한 번 더 할 때, 그 결과는 아주 감동적이거나 지루하기 짝이 없거나 둘 중 하나다. 하지만 지금으로서는 누군가가 그에게 계속해서 연주하라고 하는 것만 같았다.

"좋아, 어디까지 이야기했더라?" 갈렙이 말을 꺼냈다. 적절한 말이 떠오르지 않아 던진 질문인데, 애나가 다행히 그 말을 받아 주었다.

"지금 이 세상에 대해 이야기하고 있었잖아."

"그래, 맞아." 갈렙이 안도하며 대답했다. "이 이야기는 해피엔딩이야. 언젠가는 사랑과 정의가 이끄는 예수님의 저항 운동(resistance movement)이 다른 모든 나라와 정부와 체제를 대체할 거야. 모든 사람이 예수님의 나라를 진정한 나라로 인정하게 될 거야. 이 세상이 끝나고 온전히 임할 천국이 바로 그런 모습이지." 갈렙은 자신이 말하는 내용이 어마어마하다는 것을 표현하기라도 하듯 양팔을 활짝 벌렸다.

"하지만 지금 이 세상은 어쩌고?" 애나가 날카로운 목소리로 물었다. 벌써 세 번째 같은 질문이다.

"지금 우리는 과도기를 살고 있어." 갈렙이 대답했다. "회복 프로젝트의 시작과 마무리의 중간 시대. 우리가 건축 프로젝트를 진행하고 있다고 생각해 봐. 완성될 건물이 어떤 모습일지 알고 있지만, 지금 당장은 서까래나 배선, 지지물과 벽돌 등으로 현장이 엉망이겠지. 저항 운동은 시작했지만, 혁명은 아직 완수하지 못했어. 그래서 여전히 이 세상에는 악이 창궐하고, 불의가 팽배하며, 사회 곳곳에 인종차별이 만연하고, 억압이 계속되는 거지. 하지만 그와 동시에 우리는 희망을 엿보고 작은 승리도 쟁취했어. 사람들이 인권이나 민권을 찾도록 도와준 몇 가지 예에서 볼 수 있듯이 말이야."

"하지만 과도기를 살고 있다면서 어떻게 미래를 그렇게 확신할 수 있지?" 애나가 물었다.

"내가 들은 이야기 하나를 해줄게. 제2차 세계대전 말엽, 연합군은 노르망디 해안을 기습했어. 사상자가 많았지만, 이 전투는 이 전쟁에서 아주 결정적인 역할을 했지. 연합군은 그날 이후로 자신들이 전쟁에 이길 거라고 확신하게 됐어. 그날이 디데이(D-Day, 공격 개시일)지. 그러나 이후로도 소소한 전투는 계속되었고 전쟁이 공식적으로 종료된 것도 아니었어. 브이데이(V-Day, 전승 기념일)가 되어야 비로소 진정한 의미에서 전쟁이 끝나는 거니까. 그날에야 비로소 적군이 항복하고, 그 땅에 평화가 찾아오지. 우리는 바로 디데이와 브이데이 중간에 살고 있어. 우리에게 디데이는 예수님의 죽음과 부활이고, 미래에 그분이 다시 오셔서 새로운 나라를 세우실 때가 브이데이야. 그분이 오셔서 사랑과 치유의 저항 운동에 참여했던 이들에게 상을 주시고, 그에 반대했던 이들에게는 정의의 심판을 내리실 거야."

애나는 갈렙의 말을 곱씹으면서 고개를 끄덕였다. 갈렙의 이야기는 엉망진창인 이 세상을 외면하지 말고 사람들로 하여금 그에 대항하여 행동을 취하라고 권하고 있다. 종국에는 정의가 다스릴 것이다. 어떻게 감히 그런 세상을 바랄 수 있을까 싶으면서도 기대해 볼 만한 세상이라는 생각이 들었다.

"그러니까" 하고 애나가 생각을 정리해 가며 말문을 열었다. "십자가와 부활이 중요한 까닭은 그것이 우리의 디데이이기 때문이다.

그렇지? 또 네 말대로라면 전쟁은 이미 승리했지만 브이데이가 오기까지는 소소한 싸움이 계속될 거란 소리네."

"그렇지! 하지만 우리가 싸울 전투를 결코 얕봐서는 안 돼. 어마어마한 문제들이지. 폭력, 불의, 억압은 여전하고, 우리는 그에 대항해 전투를 수행 중이야. 때로는 이러다 지는 게 아닌가 하는 생각도 들겠지만 언젠가는 모든 게 바로잡힐 거라 믿어."

"그러니까 그때까지는 정의를 위해 싸워야 한다? 음, 그건 문제없어." 애나가 말했다.

증오

두 사람은 줄지어 서 있는 차들 사이에서 애나의 구식 센트라를 세워 둔 곳에 멈춰 섰다. 애나는 가방을 트렁크에 던져 넣은 채 갈렙과 하던 이야기를 계속했다.

갈렙이 말했다. "그때까지 우리는 세상을 치유하는 정의의 사도로 예수님이 주신 명령을 수행해야 해. 우리는 이 망가진 세상을 치유하기 위해 다 함께 보냄을 받았어. 그런데 많은 기독교인이 이것을 깨닫지 못하고 방관만 하고 있어. 하지만 우리는 온정주의나 제국주의 어느 편도 취하지 않고, 사랑과 섬김의 자세로 나가야 해. 이 세상을 더 좋은 곳으로 만드는 것이 우리가 할 일이야. 우선 예수님을 삶의 주인으로 삼아 우리 자신부터 훈련하기 시작하면 누구나 호감을 가질 만한 사람으로 변하겠지. 악행 대신 선행을 베풀고, 증오하지 않고 사랑하며, 불의를 행하기보다 용서할 수 있는 그런 사람이 될 수 있을 거야."

애나는 갈렙이 스스로를 증인석에 앉히는 태도가 마음에 들었다. 그 역시 천국에 갈 기회만 노리면서 수수방관하던 기독교인 중 한 사람이었다고 고백한 것이다. 애나도 스스로를 돌아볼 필요가 있었다. 처음에는 좋은 뜻을 품고 정의를 위해 싸우겠다고 했지만, 마지막에는 분노와 조바심으로 끝날 때가 많았다. 옳은 일을 하는 거라고 생각했다. 친구들도 마찬가지였다. 분노가 그들을 자극했고 행동의 원동력이 되었다. 하지만 지금 생각해 보면, 그것이 정말 자신이 바라던 일이었는지 잘 모르겠다. 갈렙이 말한 것처럼, 과연 애나는 그런 일들을 통해 자신이 이 세상에서 찾아보기 원했던 선한 사람이 될 수 있는 걸까?

갈렙이 계속해서 말했다. "이렇게 자신을 훈련한 뒤에는 우리가 맺은 관계들을 변화시켜야 해. 원한이나 경멸이 가득한 곳을 사랑과 용서가 넘치는 치유의 자리로 이끄는 거지. 남에게 잘못한 것은 인정하고, 우리에게 잘못한 사람은 용서하고 말이야."

"다른 사람을 용서하라고?" 애나의 눈에서 불꽃이 튀는 듯했다.

"응." 갈렙이 대답했다. "예수님은 용서를 아주 중요하게 생각하셨어. 다른 사람을 용서하지 않는 사람은 결국 그 자신도 용서받지 못한 사람이라고 말씀하셨지. 사랑과 섬김의 혁명에 참여하려면, 분노와 쓴 뿌리가 우리를 삼키지 않도록 거기서 해방되어야 해. 그렇지 않으면 쓴 뿌리가 우리의 수고를 방해할 거야."

"만약에 용서하지 못하겠다면?" 애나가 물었다. 이전처럼 장난치거나 빈정대는 투는 전혀 찾아볼 수 없었다.

"무슨 말이야?" 갈렙은 질문을 던지고 나서 기다렸다. 갈렙은 지하 주차장처럼 초라하고 평범하기 짝이 없는 곳도 하나님 나라로 변할 수 있다는 사실에 놀랐다.

애나는 생각에 깊이 빠져 한동안 말이 없었다. 팔짱을 낀 채 당당한 듯하면서도 어딘가 무력한 모습으로 아래만 처다봤다. 대답할 말을 찾느라 고심하는 듯했다. 두 사람 옆으로 SUV 한 대가 지나갔다.

"난 아빠를 도저히 용서할 수 없어." 한참 뒤에야 애나가 입을 열었다.

갈렙은 가만히 듣고만 있었다.

"별 거 아니야." 말은 그렇게 했지만 애나의 입술은 떨리기 시작했고, 눈물이 뺨을 타고 흘러내렸다. 애나는 아빠 이야기 하는 걸 별로 좋아하지 않았다. 언젠가 한번 상담 선생님께 이 이야기를 꺼냈다가 울음이 터진 적이 있었는데, 그때 자신이 무척 바보 같다고 느꼈다. 아버지가 애나에게 아직도 그런 막강한 영향력을 행사할 이유는 전혀 없었다. 애나는 자기만의 성을 쌓고 그 안에서 살았기 때문에 밖에서 돌이나 화살이 날아와도 끄떡없었다. 애나는 성 주변에 연못을 파고 벽돌을 쌓고 회칠해서 자신을 안전하게 지켰다.

애나는 눈물을 훔쳤다. 그리고 잠시 감정을 추스른 다음 긴 한숨을 내쉬었다. 그러고 나서도 꽤 오랫동안 아무 말이 없었다.

무슨 말을 해야 할지 몰라 갈렙도 침묵을 지켰다. 어떤 말을 해도 별 도움이 되지 않을 것 같았다.

잠시 후 애나는 독하게 마음을 먹은 듯 이렇게 외쳤다. "아빠를 증

오해!" 그러면서 주먹을 휘둘렀다. "이 지긋지긋한 문제를 해결해 보려고 상담도 받고, 의사도 찾아가 보고, 아빠에게 편지까지 써 봤어. 하지만 아무 소용이 없었어. 나는 아직도 아빠를 용서할 수 없어. 아니, 영원히 용서하지 않을 거야. 아빠가 엄마와 나 그리고 내 동생에게 저지른 짓을 도저히 용서할 수 없다고. 아빠가 영원한 지옥 불에나 떨어졌으면 좋겠어!" 애나는 원망이 가득한 눈으로 이렇게 말했다. "난 절대 용서 못해. 절대로."

애나는 눈물을 뚝뚝 흘리면서 갈렙에게 할 말이 있으면 해 보라고 했다.

갈렙은 무슨 말을 해야 할지 몰라 본능적으로 애나를 안아 주었다. 그런데 애나는 갈렙을 사정없이 밀어 내고는 재빨리 눈물을 닦더니 차에 타고 문을 쾅 닫아 버렸다. 그러고는 난폭하게 후진한 다음 주차장을 빠져나갔다. '끽' 하는 타이어 소리가 지하 주차장에 울려 퍼졌다.

갈렙은 얼굴이 발개져서 그 자리에 서 있었다. 그는 "하나님, 애나와 함께해 주세요. 애나를 지켜 주세요" 하고 기도했다. 하지만 곧바로 자신의 행동에 대한 후회가 밀려왔다. '이런 바보 같으니라고.'

참회

1년 전 언젠가, 갈렙은 엘리베이터를 기다리고 있었다. 주차장 건물은 아니었지만 말이다. 그는 발을 계속 올렸다 내렸다 하는 것이 어딘가 초조해 보였다. 갈렙은 이미 존스 교수에게 장문의 이메일을 보내면서 지난주의 잘못을 사과하고 자신의 심경을 밝혔다. 교수는 괜찮다면서 너그럽게 받아들였지만, 갈렙은 아직도 맘이 편치 못했다. 일이 잘 해결되었다는 사실을 머리로 아는 것과 진심으로 그렇게 느끼는 것은 별개의 문제였다. 갈렙은 사과의 의미로 작은 선물을 들고 갔다. 화해 선물로는 이만한 게 없었다. 그의 양손에는 김이 모락모락 나는 모카라떼 두 잔이 들려 있었다.

 연구실에 들어온 갈렙은 라떼를 손에 든 채 머리를 깊이 숙였다. 교수는 갈렙을 보자마자 자리에서 벌떡 일어나더니 오랜만에 만난 친구 사이처럼 반갑게 껴안았다. 그는 그녀의 포옹을 받으면서 컵을 떨어뜨리지 않으려고 팔을 쭉 내밀었다. 그녀는 갈렙의 어정쩡한 포즈를 눈치 채고는 팔을 빼면서 호탕하게 웃었다. 그러더니 갈렙의 손에서 컵을 받아 책상 위에 올려놓았다. 이 모든 동작이 마치 발레리

나처럼 우아하게 연결되었다. 그녀는 환하게 미소 지으며 다시 한 번 갈렙을 안아 주었다. 그는 정말로 용서받은 기분이 들었다.

"자, 이제 괜찮은 거지?" 존스 교수가 갈렙을 지그시 바라보며 어깨를 다독여 주었다.

"괜찮아요." 갈렙이 어깨를 으쓱하며 대답했다. "이메일에도 썼지만, 지난주에 있었던 일을 곰곰이 생각해 보았어요. 정말 죄송합니다. 너무 부끄럽네요, 교수님."

그녀가 위로하며 말했다. "얼마나 걱정했는지 몰라. 하지만 미안해할 필요 없어. 이제 다 괜찮으니까."

"감사합니다. 이젠 많이 좋아졌어요. 참 이상하죠. 이전에 확실히 안다고 생각했던 것들이 실제로 전혀 몰랐던 거였어요. 그런데 이 사실을 깨닫게 된 지금은 오히려 전보다 더 많이 아는 것 같아요. 제 말을 이해하시겠어요?"

존스 교수는 정직하게 고개를 가로저었다. "다시 한 번 이야기해 볼래?"

갈렙은 환하게 웃었다. "그러니까 제 말은요. 전에는 제가 복음이 뭔지 안다고 생각했어요. 그런데 지금 보니까 확신이 서지 않는 거예요. 하지만 예수님은 이전에 제가 알던 것보다 훨씬 더 크고 현명하고 좋은 분이세요. 예수님은 온 세상을 회복하기 위해 이 땅에 오셨고, 여러 면에서 성공하셨지요. 지금은 아는 건 별로 없지만, 그 어느 때보다 더 예수님을 신뢰한답니다. 신기해요."

"정말 놀랍구나. 그리고 그건 지극히 정상이야." 존스 교수는 천천히 고개를 끄덕이며 말했다. "원래 알던 것들에 의문을 제기하고 다시 답을 찾기 시작하면 그것은 더 실제적이고 생생하게 다가오는 법이지. 소설가 플래너리 오코너(Flannery O'Connor)가 이런 말을 했단다. '믿음이 모든 문제를 분명하게 해줄 것이라고 기대하지 마라. 믿음은 확실성이 아닌 신뢰의 문제다.' 지금 네 상황과 비슷하지 않니?"

과거에는 정답을 가지고 동물원에 사는 것 같았다. 동물원은 안전하지만, 지하 감옥 같다. 반대로 정답이 없다고 인정하자 동물원 철창과 문이 모두 부서져 버렸다. 그러자 마음껏 뛰어놀 수 있는 푸른 초장이 펼쳐졌다.

"자, 그러면 다시 시작해 볼까?" 그녀가 말했다.

"네. 다음 내용은 뭐죠?"

"좋아. 예수님이 새로운 나라를 시작하셨지." 그녀가 이제는 눈에 익은 수첩과 펜을 꺼내면서 말했다.

"네" 하고 갈렙이 말하기 시작했다. "그 부분을 곰곰이 생각해 봤어요. 우리가 지금 천국에 살고 있다면 이 세상에 난무한 악은 어찌 된 일이죠? 하나님이 원하시는 모습을 찾아볼 수 없는 곳이 너무 많아요."

그녀는 곧바로 대답하지 않고 원을 하나 더 그린 다음 지그재그 선으로 둘렀다. 원 안에 작은 원을 하나 더 그리고, 그 안에 십자가를 그렸다.

선을 위해 창조되다  죄악으로 손상되다

더 나은 모습으로 회복되다

 "좋은 지적이야." 그녀가 대답했다. "종말, 그러니까 역사가 끝날 때까지 온전한 천국은 임하지 않지만, 그때까지 우리는 이 땅에서 천국을 누릴 수 있어. 이 나라는 우리와 함께 전진하지. 우리는 예수님의 법과 통치를 알지 못하는 사람들과 장소에 그분의 전령이자 대사로 파견되어 하나님 나라를 위해 일하는 거야."

 갈렙은 일리 있는 말이라고 생각했다. 사람들은 하나님 나라의 대사가 되어 이 땅과 사람들을 축복해야 한다. 이것이 복음의 일부 아니, 적어도 복음에 대한 반응일 것이다.

"그러면, 질문이 하나 더 있어." 교수가 말했다. "우리는 어떻게 그리스도인이 될 수 있을까?" 교수는 또다시 대답을 기다렸다. 길고도 괴로운 시간이 흘렀다.

갈렙은 무작정 대답을 시도했다. "글쎄요. 우리를 용서해 주신 예수님을 받아들이고, 그분과 관계를 맺죠. 그분이 삶의 주인이 되시도록 하는 거예요."

"좋아. 아주 잘 대답했어." 갈렙은 안도의 한숨을 내쉬었다. 그러나 역시 잠시뿐이었다.

"하지만 그게 다일까?"

사명

"다른 각도에서 한번 접근해 보자." 존스 교수가 말했다. "예수님은 사람들을 어떻게 그리스도인으로 초청하셨지?"

"나를 따라오라" 하고 갈렙이 본능적으로 대답했다. "나를 따라오라. 내가 너희로 사람을 낚는 어부가 되게 하리라." 맞죠? 예스!" 갈렙은 신이 나서 주먹을 공중에 추켜올렸다. 올림픽에서 금메달이라도 딴 것처럼 말이다.

존스 교수가 빙그레 웃었다. "좋아. 그러면 그것부터 잠시 생각해 보자. 예수님의 제자들은 언제 그리스도인이 되었지? 예수님이 부활하시기 전에? 아니면 오순절에? 그것은 우리가 알 수 없어. 그렇지 않니? 예수님이 하신 말씀을 확인해 보자. 예수님은 '나를 따라오라. 내가 너희 마음을 편하게 해주겠다'라거나 '나를 따라오라. 지금까지 경험한 것보다 훨씬 더 큰 만족을 주겠다'라고 하시지 않았어. 그런데 우리는 어때? 예수님을 따를 때 얻는 유익부터 말하지. 물론 예수님을 따르면 이런 것들도 다 부차적으로 따라와. 하지만 예수님은 뭐라고 하셨지?"

"사람을 낚는 어부요" 하고 갈렙이 재빨리 대답했다.

"맞아. 예수님은 처음부터 그분의 사명에 동참하라고 말씀하시지. 그분이 시작하신 나라를 확장시키는 일 말이야. 예수님은 사역 초기부터 사람들을 섬기고 자기만족에 빠지지 않는 삶에 대해 그림을 그려 주셨어. 그분은 사람들이 이기심에서 벗어나 사랑과 정의로 다른 사람을 섬기기를 바라셨어. '나를 따라오라.'" 그녀는 다음 내용을 강조하려고 일부러 말을 끊었다. "'내가 너희로 사람을 낚는 어부가 되게 하리라.' 우리는 이 말씀이 너무 익숙해서 그냥 쉽게 넘겨 버릴 때가 많아. 하지만 예수님은 처음부터 그들을 사명으로 부르신 거란다."

갈렙은 이 구절을 얼마나 많이 읽었던가? 성경을 펴지 않고도 쉽게 외울 수 있는 말씀이었지만, 이 말씀이 얼마나 중요한지는 미처 깨닫지 못했었다. 예수님은 제자들에게 막연한 약속을 주신 것이 아니라, 아주 중대하고 중요한 목적을 위임하셨다. 십자가에 돌아가시기 전에 이미 이 사명을 주셨던 것이다. 갈렙은 오늘날에 이것을 어떻게 구현할 수 있을지 궁금해졌다. 이것을 삶에 어떻게 적용할 수 있을까? 갈렙도 예수님처럼 친구들을 새로운 사명으로 초대하면 어떻게 될까?

"한 가지만 더 살펴보고 창세기 공부를 마무리하자." 교수가 계속해서 말했다. "창세기 11장까지 사람들이 저지른 온갖 악한 일들을 보신 하나님은 창세기 12장에서 아브람에게 한 가지를 약속하시지. 창세기 12:2-3을 읽어 줄래?"

"'내가 너로 큰 민족을 이루고 네게 복을 주어 네 이름을 창대하게 하리니 너는 복이 될지라. 너를 축복하는 자에게는 내가 복을 내리고, 너를 저주하는 자에게는 내가 저주하리니, 땅의 모든 족속이 너로 말미암아 복을 얻을 것이라 하신지라.' 하나님이 아브람에게 복을 주셨으니, 그도 다른 사람에게 복이 되어야 했군요!"

"그렇지. 아브람은 복이 되기 위해 복을 받았어. 그를 통해 모든 족속이 복을 얻지. 이 약속은 아브람의 자손 중 한 사람을 통해 온전히 성취되는데, 그분이 바로 예수님이야. 하지만 아브람 자신도 복이 되어야 했어. 우리도 마찬가지지. 우리는 기독교인의 삶을 너무 작게만 생각했어. 어느새 기독교는 내 문제를 해결해 주는 종교로 전락했지. 우리는 기독교를 고작 일주일 동안 성경 읽은 횟수나 기도하는 시간으로 치부해 버리지. 신앙은 내면의 문제를 해결하는 데만 국한되어 버렸지. 결국 공적이고 공동체적이며 남을 사랑하는 종교가 아니라 개인적이고 사적인 종교를 만들어 버렸어. 우리는 예수님이 주신 사명을 회복해야 해. 왜냐하면 기독교는 기독교 밖에 있는 사람들에게 얼마나 복이 되었느냐로 평가받을 테니까."[2]

갈렙은 존스 교수의 마지막 말에 눈이 번쩍 뜨였다. 만약에 정말로 기독교가 얼마나 복이 되었느냐로 평가를 받는다면 과연 어떻게 될 것인가? 잘 봐 줘야 들쭉날쭉한 성적표일 것 같다. 평균은 넘을까? 아마 그럴지도 모른다. 하지만 갈렙은 언젠가는 높은 점수를 받을 수 있을 거라 기대했다.

약속

"예수님 말씀을 더 자세히 살펴보자." 존스 교수가 말했다. "사람을 낚는 어부가 된다는 건 무슨 뜻일까? 첫째, 예수님이 모든 걸 주관하신다는 뜻이야. 본문을 보면 예수님이 고기를 낚을 수 있다는 사실은 이미 증명하셨지. 제자들이 잡은 고기로 배가 꽉 찼으니까. 지금 우리는 대가에게서 배우는 거야. 그렇게 해서 고기 잡는 법을 배울 수 있어." 존스 교수는 강조의 뜻으로 내부에 있는 작은 원을 가리켰다.

"그런 다음 우리는 예수님을 믿는 사람들의 공동체에 들어가. 기독교는 항상 공동체가 중요하거든. 천국과 땅이 만나는 곳이 바로 거기야, 기억하지? 공동체는 하나님의 새 성전이야. 나는 전도서에 나오는 이 말씀이 참 좋더라. '세 겹 줄은 쉽게 끊어지지 아니하느니라.'³⁾ 사람이 많으면 힘이 있는데, 그건 기독교 공동체도 마찬가지지. 나 자신을 위해 또 이 세상을 위해, 우리는 모두 다른 사람이 필요해."

존스 교수는 마지막 다이어그램에 사람을 네 쌍 그려 넣었다.

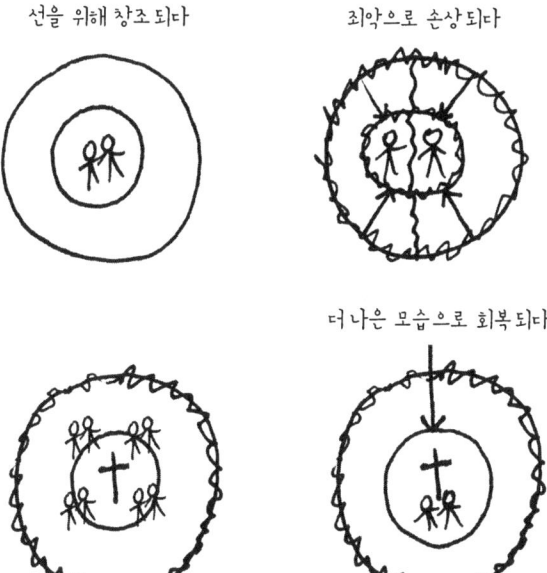

"교수님의 공동체는 어디인가요?" 갈렙이 질문을 던졌다. 정말로 궁금했다. 사람들은 교수를 매우 존경한 나머지 일반인과 다른 존재로 여기기 쉬웠다.

그녀는 질문을 받고 잠시 놀란 듯했으나, 이야기를 계속했다.

"보스턴에 있을 때는 친구들이나 멘토가 많았지. 대학교에 진학해서 대학원까지 쭉 거기서 다녔으니까. 남자 친구와 아주 힘든 이별을 겪고 난 뒤에도 하나님을 포기하지 않도록 도와준 사람들이야. 그 남자와 정말 결혼할 줄 알았거든. 교수가 되겠다는 결심만큼이나 확

고했었지." 존스 교수는 잠시 생각에 잠긴 채 미소를 지었다.

"그래서 남자 친구와 헤어진 뒤에는 모든 것에 의구심이 들었지. 신앙도 흔들렸고. 친구들은 나를 위해 기도하고, 나와 함께 울어 주었지. 그 친구들이 없었다면 오늘의 나는 없었을 거야. 친구들이 신학을 권해서 신학교를 알아봤지. 참 희한해. 그 전에는 신학교에 전혀 관심이 없었거든. 그곳 교수님들은 그들의 삶과 지혜를 내게 쏟아 부어 주셨고, 그중 한 분은 내게 어머니 같은 존재가 되셨단다."

교수는 잠시 말을 멈추고 생각에 잠겼다. "지금도 여전히 공동체가 필요해. 우리 교회 소그룹은 정말 훌륭하지. 그 사람들에게는 무슨 이야기도 털어놓을 수 있어. 얼마나 나를 생각해 주는지 몰라. 우리는 다 같이 다른 사람을 치유하는 공동체가 될 수 있도록 노력한단다. 하지만 때로 내게 싱글이어도 괜찮다고 위로의 말을 해주는 사람이 필요하기도 해." 그녀는 멋쩍게 웃었다.

갈렙은 가슴이 벅찼다. 존스 교수 같은 멘토가 있어서 얼마나 감사한지 몰랐다. 데이브와 톰이 친구라는 사실도 감사했다. 신앙은 단지 개인의 문제가 아니었다. 신앙 생활에서 공동체는 큰 역할을 감당했다. 아무리 홀로 옳다 해도, 함께 싸워 줄 친구들이 없다면 무슨 소용인가? 갈렙에게는 공동체가 필요했다. 자기 머릿속으로 기어들어가 혼자만의 우주를 짓고 살아가고픈 유혹도 있지만, 그는 친구들의 사랑이 필요하다는 사실을 절실히 느꼈다.

"그래서 우리는 공동체 가운데 살아야 해." 존스 교수가 말했다.

"물론 공동체는 우리에게 힘이 되지만, 그보다 더 중요한 역할을 해. 건강한 기독교 공동체에서는 하나님 나라를 미리 맛볼 수 있어. 바울은 한발 더 나아가 고린도전서 12장에서 우리는 그리스도의 몸이라고 했어. 곧 공동체는 이 세상에 예수님 같은 존재야. 옛날에는 예수님이 예루살렘과 유대 지방에만 계셨어. 그런데 이제는 방콕, 카이로, 뉴욕, 런던 등 세계 어느 곳에나 계시지. 이 세상 어디를 가도 예수님이 계셔. 어떻게? 우리를 통해 말이야. 예수님의 몸은 우리를 통해 여전히 이 땅에 계시지. 이런 식으로 공동체가 존재하기 때문에 사람들은 예수님의 존재를 알게 돼. 우리는 그리스도의 몸이야."

정말 멋졌다. 갈렙은 이전에도 그리스도의 몸에 대해 들은 적이 있다. 교회 다니는 사람들은 다들 그리스도의 몸에 대해 이야기한다. 하지만 대개는 성도가 서로 연결되어 있다는 의미로 말하곤 했다. 하지만 존스 교수의 해석에 따르면, 예수님을 따르는 이들을 통해 실상 예수님이 드러나셨다. **우리는 예수님의 몸이다.**

"성경에서 가장 큰 약속이 뭔 줄 아니?" 이번만큼은 갈렙도 정답을 알고 있었는데, 그녀는 갈렙에게 대답할 기회를 주지 않고 곧바로 이야기를 시작했다.

"창세기에서 요한계시록을 관통하는 가장 중요한 약속은 많은 재산이나 완벽한 건강이 아니라, 바로 하나님이 우리와 함께하시겠다는 약속이야. 하나님은 이삭과 야곱과 요셉과 함께하시겠다고 약속하셨어.[4)] 모세가 애굽 사람들을 두려워했을 때, 여호수아가 약속의 땅을 침공하기 직전에도 하나님은 그들과 함께하시겠다고 말씀하셨지.[5] 원수의 눈을 피해서 포도주 틀에서 밀을 타작하던 기드온에게도 동일한 말씀을 주셨단다.[6] 솔로몬과 여호사밧에게도 같은 약속을 주셨고,[7] 하나님은 이사야 선지자를 통해서도 **우리**와 함께하겠다고 약속하셨어.[8] 예수님은 제자들에게 말씀하시기를, 세상 끝날까지 너희와 항상 함께 있으리라고 하셨지.[9] 하나님은 약속대로 정말로 우리와 함께 계셔. 성령님을 통해서 말이야."

'하나님은 우리와 함께하겠다고 약속하신다.' 갈렙은 침대 옆에서 기도했던 그날 밤을 떠올리며 미소 지었다. 그는 우연의 일치 따위는 오래 전부터 믿지 않았다. 그래서 존스 교수가 이 만남을 제안했을 때 그는 혼자가 아니라는 사실을 깨달았다. 누군가 그를 인도하고 계셨다.

"성령이 우리 안에 계신단다."[10] 존스 교수가 계속해서 말했다. "성령님은 우리가 죄에 굴복하지 않고 살아갈 수 있도록, 이 불가능한 일을 가능하게끔 하나님 나라의 자원을 허락하시지. 성령의 인도로 우리는 하나님 나라에 들어가서 이제 그 나라의 시민이 되었어. 그분은 모든 면에서 우릴 도우시지. 이 성령이 우리를 예수님의 또 다른 제자들에게로 이끄시지. 예수님의 혁명을 이끄는 사람들 말이야. 혼자서는 이 일을 감당할 수 없어. 그래서 하나님은 성령을 통해, 또 믿음의 공동체 가운데 친히 임하셔서 우리에게 필요한 자원을 주셔. 이것이 바로 교회가 감당해야 할 책임이지. 우리는 비록 완벽하지 않지만 계속해서 힘써야 해. 그리스도인들은 성령과 함께 이 세상을 치유하라고 공동체로 보냄을 받았어."

존스 교수는 안쪽 원에서 바깥 원으로 뻗어 나가는 화살표를 네 개 그렸다. 그런 다음 마지막 원 위쪽에 '치유를 위해 함께 보냄받다'라고 썼다.

"자, 다 됐다. 이게 바로 복음이야. 어떻게 생각해?"

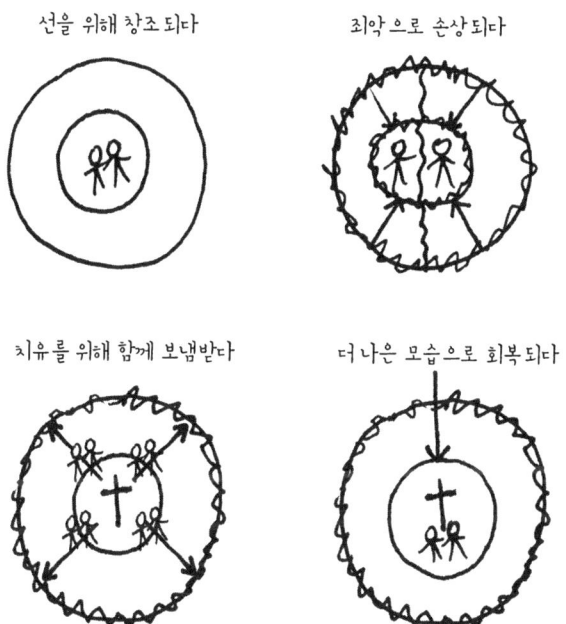

보물

비가 그치고 태양이 다시 빛을 비추자 존스 교수의 책상에 황금 빛줄기가 길게 드리웠다. 비만 오지 않으면 시애틀의 노을은 장관이었다. 마치 보석함이 닫히기 일보 직전에 눈부시게 아름다운 보물의 자태를 살짝 엿볼 수 있는 것처럼 황금빛 노을이 절경을 이루었다.

갈렙은 다이어그램을 보면서 성경의 전체 그림을 머릿속에 그려 보았다. 이 그림은 이전의 어떤 가르침보다 성경의 핵심을 더 잘 잡아냈다. 이 이야기를 친구들에게 들려주면 어떤 반응을 보일지 무척 궁금했다. 애나가 던질 법한 질문이 떠올랐다.

"만약에 어떤 사람이 자신이 네 번째 원에서 세상을 치유하기 위해 애쓰고 있다면서, 세 번째 원은 필요 없다고 하면 어떡하나요? 세 번째 원을 건너뛰고 곧바로 네 번째로 갈 수는 없나요?"

"정말 좋은 질문이야, 갈렙!" 존스 교수가 얼굴 가득 미소를 띠었다. "사람마다 자신이 속한 곳은 각양각색일 거야. 어떤 사람은 첫 번째 원 속에 있다고 생각하지. 인생에 아무 문제가 없다는 거야. 하지만 그건 오늘날의 현실과 맞지 않아. 뉴스만 봐도 그렇잖아. 어떤 사람들은 본인이 두 번째 원에 속해 있다고 생각해. 이 세상의 악에 압도되어 어찌할 바를 모르는 상태지. 거기라면 예수님이 훌륭한 해결책을 주실 수 있어."

'이거 꽤 도움이 되겠는데' 하고 갈렙이 생각했다. 꼭 다이어그램을 그려 주지 않더라도, 이 내용을 염두에 두었다가 복음을 전할 때 활용할 수 있을 것 같았다.

"아니면 세 번째 원에 속한 사람도 있겠지. 예수님이 그들을 위해 하신 일을 받아들이기는 했지만, 하나님과 손을 잡고 세상을 향한 그분의 목적대로 살고 있지는 않아. 네 번째 원의 내용이 빠진 거지." 존스 교수가 말했다. "네 번째 원에 속하지 않은 사람은 하나님 나라에 참여하고 있는 것이 아니야."

'맞아! 얼마나 많은 기독교인이 예수님의 죽음과 부활은 받아들이면서도 하나님 나라의 사명은 잊어버리고 있는가?' 그런 사람들이 너무 많다고 생각하니 겁이 났지만, 그 사람들이 모두 네 번째 원으로 들어온다면 세상이 완전히 달라질 것 같았다.

존스 교수는 수첩을 자기 쪽으로 끌어당겨, 두 번째 원과 네 번째 원 사이에 대각선을 두 개 그린 다음, 두 번째 원에서 대각선까지 화살표를 하나 그려 넣었다.

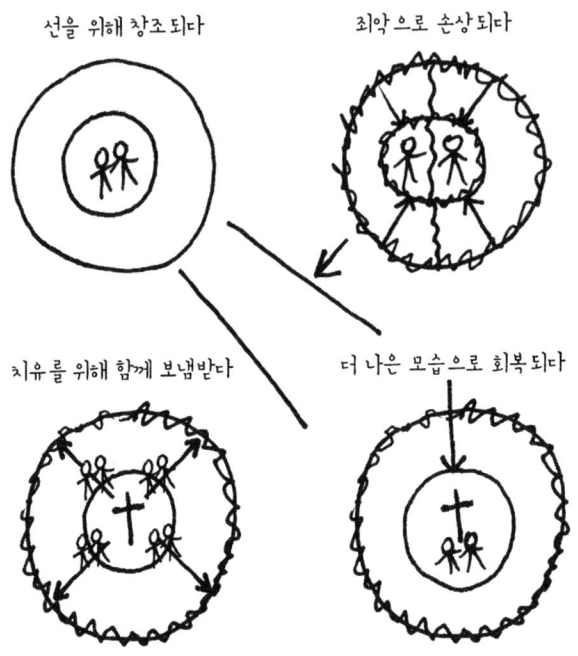

"이제 질문으로 다시 돌아가 볼까? 세 번째 원은 통과하지 않고 네 번째 원에 있다고 생각하는 사람들이 있어. 세 번째 원을 굳이 경험할 필요가 없다고 생각하지. 하지만 우리 힘만 가지고 세상을 바꾸려 애쓴다면, 실패할 수밖에 없단다."

존스 교수는 대각선 쪽으로 그은 화살표를 가리켰다. "악의 힘을 얕봐서는 안 돼. 악은 꽤 강력해서 우린 쉽게 힘을 소진하고 분노하거나 냉담해지거나 심지어 부패하게 되지. 이 싸움에서 승리하려면 성령님과 공동체가 필요해. 혼자서는 절대로 이길 수 없어."

존스 교수는 계속해서 말했다. "더 중요한 것은, 우리가 이 세상이 필요로 하는 선한 존재가 되어야 한다는 것이지. 우리는 변화를 받아 악을 완전히 장악하고 그 영향력에 빠지지 않도록 해야 해. 무슨 일을 하든지 내면의 악을 오래 숨길 수는 없거든. 아무리 겉으로 선행을 많이 베푼다 해도, 성품에 허물이 있다면 우리가 쓴 가면 틈으로 삐져나올 거야. 시간이 흐르면서 점검되지 않은 분노와 조바심, 판단과 증오, 비판과 절망은 티가 나기 마련이야. 그러면 나는 목적으로 수단을 정당화하려는 유혹을 받지. 선행을 하겠다고 악한 전술을 택해서는 안 돼. 오히려 미워하기보다 사랑하고, 받는 것보다 주는 것을, 포기보다 인내를 배워야 한단다."

'우리는 세상이 필요로 하는 선한 존재가 되어야 한다.' 갈렙은 마음속으로 그 말을 되풀이하며 마음에 새겨 두었다. 존스 교수는 두 번째 원에서 세 번째 원 쪽으로, 세 번째 원에서 네 번째 원 쪽으로 화살표를 그려 넣었다.

"그래서 반드시 예수님을 통해야만 해. 우리 삶을 주님께 드리고, 날마다 성령님께 복종하여 이 세상을 치유하고 화해시키는 사도가 될 수 있도록 그분의 도우심을 받는 것이지. 우리는 매일 그분을 신뢰해야 해. 예수님이야말로 이 세상의 악을 다스려 주실 최선의 길이 되시니까."

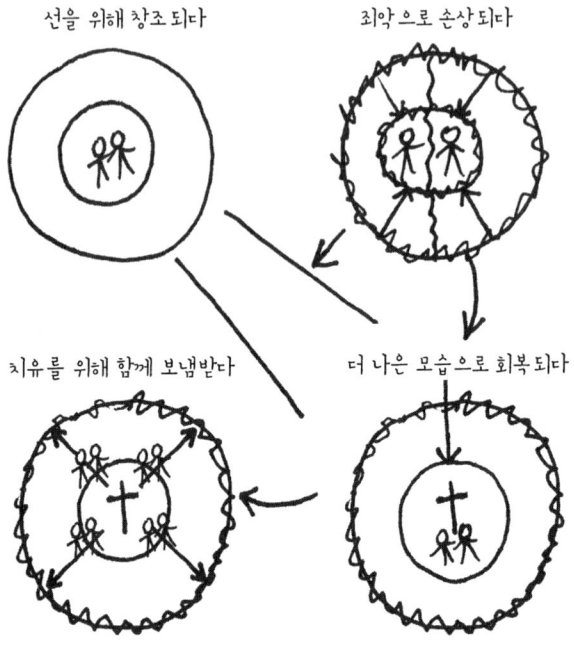

'나도 친구들에게 이렇게 말해 주면 되겠구나.' 갈렙이 속으로 생각했다. 타당한 설명 같았다. 예수님은 갈렙의 영혼만이 아니라 온 세상을 위해 존재하셨다. 이 이야기는 갈수록 점점 더 기쁜 소식으로 들렸다. 그는 이 이야기를 잘 간직하고 싶어졌다.

"음, 제가 이걸 가져가도 될까요?" 갈렙은 다이어그램을 손가락으로 가리키며 물었다.

기도

갈렙은 주차장에 조금 더 서 있었다. 교통 체증을 뚫고 집에 돌아갈 엄두가 나지 않아 다시 도서관으로 올라왔다. 데이브와 톰을 찾아보았다. 대개는 그 근방에 있는데 오늘은 보이지 않았다. 그제야 갈렙은 잊고 있었던 문자 메시지가 생각났다.

핸드폰을 꺼내 문자 메시지를 확인했다. "두 사람을 위해 기도할게. 그럼 나중에 봐. 데이브."

데이브가 애나와의 대화를 위해 기도해 주었다고 믿지만, 더 간절히 기도해 주었으면 좋았을 텐데 하는 아쉬움이 남았다.

갈렙은 2층 개인 열람실에 자리를 잡고 가방을 책상 위에 털썩 내려놓았다. 그래도 공부를 좀 하기는 해야 할 것 같았다.

반전

애나는 불같이 화를 내며 주차장을 빠져나왔다. '자기가 뭔데 이러는 거야?' 애나는 15번가를 내달려 고속도로로 향했지만, 질주는커녕 수많은 차에 둘러싸여 옴짝달싹할 수 없었다. '안 돼, 안 돼!' 애나는 참을 수 없다는 듯이 핸들을 쾅쾅 내리쳤다. '이런 상황에 길까지 막히다니! 되는 일이 하나도 없군.'

길이 좀 뚫릴까 싶어 왼쪽으로 차선을 바꿨지만, 거기서 거기였다. 조금 속도를 냈다가 곧바로 브레이크를 밟고, 또 조금 속도를 냈다가 다시 브레이크를 밟고, 차가 덜컹거리며 감질나게 움직이는 것이 꼭 로데오 경기 같았다. 애나는 집으로 가는 것을 포기하고 다음 출구에서 빠져나온 다음, 그린 레이크에나 가 볼까 했다. 하지만 그쪽 길도 막히기는 마찬가지여서, 다시 학교 쪽으로 차를 돌려야 했다. 학교 근처에 있는 쇼핑몰에 가서 커피나 한 잔 할 생각이었다. 그러려면 45번가에서 좌회전을 해야 하는데, 이 시간에는 좌회전이 금지되어 있었다. '도대체 왜 좌회전이 안 되는 거야?'

약이 끝까지 오른 애나는 가까운 서점 뒤쪽에 차를 댔다. 양손으로 핸들을 꽉 쥐고 흔들어 대면서 괴성을 질렀다. 눈물이 뺨을 타고 흘러내렸다. 애나는 얼굴을 두 손에 묻고 흐느끼기 시작했다. 자신의 바람과 너무나 어긋나 버린 관계들을 떠올리며 복받친 눈물을 쏟아 냈다. 아빠와의 관계, 가족과의 관계 그리고 자기 자신과의 관계에서 마저 애나는 혼란을 겪고 있었다.

시간이 얼마만큼 흘렀을까? 애나는 정신을 가다듬으며 심호흡을 크게 했다. 백미러를 보면서 눈물을 닦아 내고 눈물로 얼룩진 화장을 고쳤다.

그런 다음 휴대전화를 꺼내 전화를 걸었다. "어디야? 내가 바로 그쪽으로 갈게."

목소리

도서관에서 다시 애나를 만난 갈렙은 선뜻 애나에게 다가설 수 없었다. 아무런 말없이 두 사람은 도서관 라운지로 가서 자리를 잡고 앉았다. 벽 사이사이에 자리한, 바닥에서 천장까지 달하는 긴 창문으로 희미하게 햇살이 비쳤다. 둘은 나지막한 목소리로 이야기를 나누었다.

"다시 와 줘서 기뻐." 갈렙이 말했다.

"차가 너무 막혀서 어쩔 수가 없었어." 샐쭉한 표정으로 애나가 대꾸했다.

'감사합니다. 주님.' 갈렙은 속으로 쾌재를 불렀다.

"괜찮은 거야?" 갈렙이 애나의 안색을 살피며 물었다.

"응. 사실 아깐 미안했어. 내가 많이 흥분했던 것 같아. 하던 이야기를 마무리하고 싶어서 다시 온 거야."

갈렙은 생각지 못한 애나의 사과에 좀 놀랐지만, 이야기를 다시 시작할 기회를 놓치고 싶지 않아 서둘러 본론으로 들어갔다. "좋아. 우선, 너한테 해주고 싶은 말이 있어. 애나, 하나님이 네게 말씀하고 계신 것 같아." 그는 애나를 바라보며 말했다.

애나는 아무 말도 못하고 갈렙을 쳐다보기만 했다. 그 말이 무슨 뜻인지 궁금해하는 눈치였다.

"그게 아니라면 네가 어떻게 다시 돌아왔겠니?" 그가 애나를 똑바로 쳐다보며 물었다.

"무슨 말이야? 하나님이 너한테 그렇게 말씀하시니?"

"음." 갈렙이 적절한 말을 찾느라 고심했다. "그런 것 같아. 아니, 그래. 그렇지만 하나님이 내 칫솔 색을 지정해 주신다거나 어느 길로 가야 한다고 말씀하신다는 게 아냐. 물론 그분이 말씀하시면 둘 다 무시하지는 않겠지만 말이야."

갈렙은 "내가 너와 함께할 것이다"라는 목소리를 들었던 그날 밤 이야기를 들려주었다. 그날 밤 갈렙이 성령의 음성을 들은 것은 그의 인생에서 잊을 수 없는 경험이었다.

"우와" 하고 애나가 입을 열었다. "너 정말 진지하구나."

"물론이지. 하나님이 정말로 내게 말씀하고 계신다니까." 그는 잠시 머뭇거리다가 이 말을 덧붙였다. "하나님이 네게 아버지를 용서하라고 말씀하고 계신 것 같아."

"하지만 어떻게 해야 할지 잘 모르겠어." 애나가 솔직하게 대답했다.

갈렙은 심호흡을 크게 한번 하고 이렇게 말했다. "예수님을 의지해 봐. 그분이 도와주실 거야. 예수님께 네 삶을 맡겨. 어떻게 용서해야 할지 모르겠다고 말씀드려. 그렇게 솔직하게 시작하는 거야. 그러면 그분이 도와주셔. 네가 용서받았다는 사실을 깨달으면, 용서할 수 있는 힘이 생기지. 용서는 성령과 공동체와 함께 사랑과 정의를 좇을 수 있도록 하나님이 주시는 큰 자원이야. 용서를 통해 이 세상을 원래 모습으로 회복할 수 있지."

'용서가 이 세상을 변화시킬 수 있다고?' 애나는 갈렙의 말을 잠시 생각해 보았다. 애나는 조금 회의적이었지만, 갈렙이 계속해서 말했기 때문에 이 문제는 나중에 다시 생각해 보기로 했다.

"남아프리카 진실화해위원회(Truth and Reconciliation Commission)에서는 이런 일이 있었어. 데스몬드 투투(Desmond Tutu) 신부는 남아프리카 정부의 승인 하에 가해자가 희생자 앞에서 자기 죄를 인정하면 어떤 죄도 용서받을 수 있는 자리를 마련했지. 그러자 백인, 흑인을 막론하고 하나같이 몰려와 자신의 죄를 고백하고 용서를 받았어. 폭력 없이 이 나라를 치료했지! 예수님의 혁명이 성취된 거야."

애나가 밝게 웃으며 말했다. "지금 나를 개종시키려는 거구나?"

"절대 강요하는 건 아니야." 엄숙한 순간을 방해하지 않으려고, 갈렙은 진지함을 잃지 않았다. "하지만 하나님이 네게 말씀하시고, 네 삶의 주인 자리를 그분께 내어 달라고 요구하신다면 어떻게 할래? 그 자리를 하나님께 내어 드릴 수 있겠니? 그분의 운동에 동참하겠니?"

"글쎄, 그게 무슨 뜻이야?"

시간

"좋아. 세 가지를 생각해 볼 수 있을 것 같아." 갈렙이 계속 말했다.

그는 다이어그램의 네 번째 원을 떠올렸다. "첫 번째, 네 삶을 예수님께 맡기는 거야. 그분의 뜻이 우리는 물론이고 이 세상을 향해서도 최선이기에, 그분이 모든 것을 다스리시게 하는 거지. 그분의 사랑을 받아들여 봐. 우리도 이 세상의 악에 기여했기에 용서가 필요하다는 사실을 인정해야 해. 예수님의 용서를 받고 성령님을 우리 삶에 초대하는 거지. 두 번째로 예수님을 따르려는 사람들의 공동체에 들어가서 이 새로운 나라를 현실로 구현하는 거야. 이 여정에서 너를 도와줄 수 있는 그리스도인들을 찾고 정기적인 만남을 가지며 예수님을 더 많이 알고 닮아가도록 해야 해."

"그건 너무 힘든 일 같은데." 애나가 말했다. "난 교회가 어떤 곳인지 잘 알거든."

"네 말 충분히 이해해. 아마 그 교회가 너와 안 맞았을 수도 있어." 갈렙이 말했다. "지금 우리 교회에도 몇 가지 문제가 있지. 문제 없는 교회는 없을 거야. 그래도 우리 교회에 같이 가 보면 어때?"

"생각해 볼게." 애나가 잠시 다른 곳을 보다가 갈렙에게 시선을 돌리며 말했다.

"좋아." 갈렙은 애나에게 부담을 주고 싶지 않았다. 최소한 거절하지는 않았으니 다행이었다. "마지막으로, 하나님이 그 나라의 확장을 위해 네게 무엇을 원하시는지 여쭤 봐야 해. 하나님이 이 땅에서 네게 부여하신 목적을 붙잡아야 하지. 넌 이미 하나님 나라에 부합한 일을 많이 하고 있지만, 더 필요한 일은 없는지 여쭤 보는 거야. 하나님께 네가 무슨 일을 해야 할지 알려 달라고 말씀드려."

애나는 말이 없었다. 갈렙은 애나가 혹시 아버지 생각을 하는 건 아닌지 궁금했다. 애나가 한 이야기가 모두 진실이라면, 아버지를 용서해야만 했다. 결코 쉽지 않은 일이었다. 갈렙이 해야 할 이야기는 다했다. 이제 운명의 시간이 다가왔다.

갈렙이 애써 태연하게 말을 꺼냈다. "이 이야기가 어떤 것 같아? 예수님 이야기 말이야."

애나는 고개를 숙인 채 두 손을 만지작거렸다. 깊은 한숨을 내쉴 뿐이었다. 그러고는 한참 뒤에야 입을 열었다. "한번 생각해 볼게."

애나는 자리에서 일어났고, 갈렙은 애나를 따라나섰다. 엘리베이터를 타고 지하 주차장으로 내려간 두 사람은 애나의 차 앞에 도착했다. 애나가 갑자기 뒤로 돌아서더니 갈렙을 껴안았다. 갈렙은 깜짝 놀랐다. 애나는 손을 흔들며 그곳을 떠났다. 애나의 차가 출구 쪽으로 빠져나가는 동안, 갈렙은 속삭이듯 기도를 올렸다.

에필로그

새로운 출발

버블티

커피숍에서의 역사적인 사건 이후 두 달이 지났다. 갈렙과 애나는 이제 막 봄학기를 시작했다. 4월 초의 시애틀은 여전히 우기다. 4월의 소나기는 또 5월의 소나기를 재촉했다.

그러나 그날은 평소와 달리 화창하고 맑은 날이었다. 작열하는 태양빛에 눈이 부신 사람들은 눈을 제대로 뜨지 못할 정도였다. 학교 안뜰에는 벚꽃이 흐드러지게 피어 분홍색 구름을 이루고 있었다. 금방이라도 새들이 날아와 지저귈 듯한 분위기였다. 하지만 존스 교수는 여유롭게 경치를 즐길 형편이 아니었다.

타피오카 버블티에 목이 콱 막혔다.

"이게 뭐니?" 존스 교수가 컵을 내려다보며 당황해서 물었다.

"버블티에요" 하고 갈렙이 대답했다. 존스 교수가 버블티는 마셔 본 적이 없다기에 갈렙은 자신이 가장 좋아하는 음료를 그녀에게 맛보여 주고 싶었다. 두 사람은 창가에 앉아 방학 동안 있었던 일을 이야기하던 중이었다. "타피오카(Tapioca: 쫀득쫀득하게 씹히는 찹쌀떡 같은 알갱이-편집자 주)를 바닥에 깐 밀크티에요. 버블티라고 하죠. 음료를 마시면서 같이 씹어 주세요. 정말 맛있지 않아요?"

존스 교수는 다시 한 번 조심스럽게 빨대에 입을 댔다가, 굵은 줄무늬 빨대 속으로 총알처럼 빨려 들어온 알갱이에 깜짝 놀라고 말았다. 타피오카 볼을 씹어 먹은 뒤 교수는 이렇게 말했다. "나는 이 음료에 영 적응이 되지 않는구나."

갈렙은 후루룩 버블티를 마셨다. 두 사람이 만나기 시작한 지 1년 반이 지났지만, 아직도 갈렙에게는 질문이 많았다. 그래도 갈렙은 1년 전보다는 훨씬 기대와 의욕에 부풀어 있다. 모든 것이 존스 교수의 현명한 조언 덕택이다. 요즘에도 그는 그녀의 연구실을 찾아서, 그를 괴롭히는 신학적인 주제에 관해 그녀의 조언을 구할 때가 있다. 하지만 대개는 가벼운 대화를 주고받는다. 개인적인 문제를 이야기하고, 그녀의 지혜와 분별력 있는 기도를 받곤 했다.

"그래서?" 그녀가 장난스런 표정으로 물었다. "별일은 없고?"

그는 천장을 보며 대답했다. "네. 없어요."

"정말?" 그녀가 버블티를 한 모금 더 들이키며 대답했다. 침묵을 두려워해서는 안 된다는 가르침은 충분히 받았지만, 갈렙은 더 이상 견디기 힘들었다.

"좋아요. 항복. 또 애나 얘기에요."

텐트

그날 오후 갈렙은 레드 스퀘어 한복판에 있었다. 햇볕을 쬐러 많은 사람들이 나와 있었다. 갈렙은 커다란 텐트에서 줄지어 서 있는 학생들을 안내하는 중이었다. 거기 들어가려고 한 시간 전부터 줄을 선 학생들이었다.

커피숍에서 애나와 이야기를 나누고 얼마 되지 않아, 갈렙은 다시 한 번 코빈 목사를 만났다. 특별한 만남은 아니었다. 예배팀 리더인 갈렙은 목사를 자주 만나 여러 가지를 논의해야 했다. 코빈 목사는 이미 지난번 일로 갈렙에게 사과를 했고, 갈렙은 목사의 진심을 느낄 수 있었다. 갈렙도 참을성이 부족했다며 용서를 구했다. 두 사람은 눈물을 글썽이며 화해의 포옹을 나누었다. 그 후로 두 사람은 다시 신뢰를 쌓기 위해 애썼다. 아직도 의견이 일치하지 않는 부분이 많았지만, 이제부터 시작이었다.

이번 만남에서 특이한 점이 있다면, 갈렙이 데이브와 톰을 데려왔다는 것이다. 데이브는 갈렙의 오른쪽에 앉았다. 데이브는 그 큰 몸집을 코빈 목사의 좁은 사무실에 구겨 넣었다. 톰은 왼편에 앉았다.

둥글둥글한 얼굴에는 미소가 가득했다.

"좋은 생각이 있어요" 하고 갈렙이 코빈 목사에게 말했다. "데이브와 톰도 좋은 생각이라고 했답니다."

"진짜 끝내 줘요!"

갈렙은 학생 선교대회에서의 경험을 바탕으로, 자신의 계획을 말했다. 그는 학생 선교대회 때 커다란 텐트 속을 거닐면서 녹음된 메시지를 들었다. 해설자는 에이즈에 감염된 아프리카 십대 소녀 사라의 이야기를 들려주었다. 갈렙은 실제로 소녀의 삶 속에 들어가는 기분이었다. 잘 치려 입은 한 남자가 사라의 집에 찾아와 문을 두드렸다. 그가 사라를 강간하는 동안, 사라는 "안 돼요! 제발!" 하고 소리를 질렀다. 그 남자는 처녀와 성관계를 맺으면 에이즈가 나을 수 있다는 생각으로 사라를 겁탈했다. 사라는 임신했을 뿐 아니라 에이즈 양성 보균자가 되었다. 너무도 끔찍한 이 사건이 갈렙의 마음속 깊이 자리잡아 세상의 상처를 보게 해주었다. 이것은 갈렙이 마닐라행을 결심한 계기가 되었다.

"그 텐트를 일주일만 이곳에 열면 어떨까요?"¹⁾ 갈렙이 코빈 목사에게 물었다. "그냥 이야기만 들려주지 말고, 사람들에게 반응할 기회도 주는 거예요. 진료소 건설, 에이즈 예방 교육 등 잠비아의 에이즈 해결에 도움을 줄 수 있는 기금을 모금하는 겁니다. 그리고 마지막에는 복음도 전하고요. 사람들이 자기 감정을 정리할 수 있는 시간이 필요할 거예요. 우리는 예수님이 왜 이 문제에 관심이 있으신지,

그리스도인들이 어떻게 대처하고 있는지 이야기해 줄 수 있겠지요. 그런 다음 거기 모인 학생들도 이 운동에 동참하도록 초청하는 겁니다. 어떻게 생각하세요?"

코빈 목사는 숨쉴 틈도 없이 바로 대답했다. "정말 훌륭한 생각이야! 텐트는 이미 준비됐다고 했지?"

"네" 하고 톰이 끼어들었다. "그 기관에 전화를 해 봤는데, 누구라도 사용할 수 있다고 했어요. 사용할 날짜만 이야기해 주고 배송비만 내면 된대요." 데이브는 고개를 끄덕이며 엄지를 치켜세워 보였다.

"배송비는 교회 예산으로 충당할 수 있을 것 같아." 코빈 목사가 말했다. 그는 주먹을 내밀어 나머지 세 사람의 주먹과 맞부딪쳤다. "정말 멋진 결과가 나올 거야."

하지만 갈렙은 아직 할 이야기가 남아 있었다. "목사님께 보여 드릴 게 있어요. 복음을 제시할 때, 이 그림을 사용해 보면 어떨까요?"

그러고 나서 갈렙은 존스 교수의 연구실에서 배운 다이어그램을 그리기 시작했다.

광장

다음 그룹이 들어갈 준비가 되자, 갈렙은 애나가 기다리고 있는 첫 번째 방으로 사람들을 안내했다. 애나와 갈렙을 비롯해 행사를 주관하는 학생들은 모두 갈색 티셔츠를 맞춰 입었나. 애나는 텐트를 통과하면서 어떤 식으로 진행이 되는지 차근차근 설명하고, 마음을 활짝 열어 보고 느끼는 대로 감정을 따라가라고 이야기해 주었다. 갈렙은 마지막 방에서 한 사람이 나와서 여러분의 체험을 잘 정리할 수 있도록 도와주고, 왜 예수님이 이 문제에 관심이 있으신지, 어떻게 반응할 수 있는지 간단하게 설명해 줄 거라고 말해 주었다. 그런 다음 갈렙은 학생들이 다음 장소로 옮겨 오디오를 들을 수 있는 곳으로 안내했다. 거기서는 데이브와 톰이 학생들을 반갑게 맞았다. 에이즈에 감염된 세 어린이 중 첫 번째 어린이의 이야기가 시작되었다.

애나와 갈렙은 텐트 밖으로 나왔다. 사람들이 텐트에 들어가려고 그렇게 오랫동안 기다리는 것이 놀라울 따름이었다. 대학 신문은 이 텐트 행사를 두 번씩이나 일면 머리기사로 보도했고, 대학 당국은 에이즈 문제에 깊은 관심을 표명해서 처음으로 레드 스퀘어에서 이런 행사를 하도록 허락했다. 꼬리에 꼬리를 물고 이어진 줄은 좀처럼 줄어들 기미가 안 보였다. 텐트는 24시간 운영했기 때문에, 밤이 되자 오히려 줄이 더 길어졌다. 학생들은 주최 측에서 나눠 준 손전등을 들고 텐트 안으로 입장하게 되어 있어서, 신비로운 느낌이 한층 더했다.

코빈 목사는 팔짱을 끼고 밖에 서 있었다. 자발적으로 이런 프로젝트를 실천에 옮긴 학생들이 무척 자랑스러웠다. 그는 미소를 띠며 고개를 가로저었다. 1년 전만 해도 이런 일은 상상할 수도 없었다. 하지만 갈렙의 도움으로 그는 하나님 나라에 대한 더 큰 비전을 보게 되었다. 하나님 나라는 비단 개인의 문제가 아니라 이 세상에 관한 문제였다. 세상에서 교회는 복의 근원이 될 수 있었다. 그는 갈렙이 포기하지 않고 끊임없이 자신에게 도전해 준 것에 깊이 감사했다. 다른 학생들이었다면 그 어색한 대화 이후 다시는 자기를 찾아오지 않았을지도 모를 일이다.

코빈 목사는 갈렙과 애나를 발견하고 그쪽으로 걸어가서 두 사람을 안아 주었다. 갈렙은 팔을 내밀어 코빈 목사를 감싸 안았지만, 애나는 본능적으로 몸을 뒤로 뺐다.

"아이쿠, 미안하네." 코빈 목사는 당황하며 이렇게 말했다.

"괜찮아요" 하고 애나가 말했다. 신뢰하는 분이었기에 심하게 불편하지는 않았다. 애나는 갈렙과 함께 청년부에 참석하기 시작했고, 코빈 목사의 설교, 특히 예수님에 대한 내용을 아주 좋아했다. 찬양은 조금 맘에 들지 않았다. 다들 지나치게 열정적이었다. 하지만 열정적인 찬양보다 더 애나를 불편하게 한 것은 때때로 눈물을 흘리는 자신의 모습이었다. 목사의 설교를 듣는 도중 가슴이 뻐근해지는 느낌, 겁이 나면서도 동시에 마음이 편안해지는 그런 느낌이 들곤 했다. 아름다움이 자유를 찾아 애나의 마음을 탈출하는 듯한 느낌이랄까. 이전에는 한 번도 느껴 보지 못한, 형언할 수 없이 아름다우면서도 가슴 아픈 감정이었다. 애나도 거기 모인 사람들처럼 변하고 있는 걸까? 그건 잘 모르겠지만, 아무튼 요즘 들어 확실히 눈물이 더 자주 나는 것 같다.

예배가 끝나면 애나는 갈렙의 친구들과 어울렸다. 톰과 데이브는 좋은 사람들 같았다. 애나는 또 다른 사람들을 많이 만났고, 이제는 그들과 함께 있으면서도 편안함을 느꼈다.

코빈 목사는 애나와 갈렙을 두고 텐트 마지막 부분이 어떻게 진행되는지 보려고 그쪽으로 향했다. 갈렙은 돌아서서 애나를 안아 주며 말했다.

"정말 멋지지 않니?"

"그럼, 멋지고말고." 그러면서 애나는 갈렙에게 윙크를 했다. 그 윙크에는 여러 가지 뜻이 있겠지만, 어느 쪽이든 개의치 않았다. 애나는 갈렙과 함께하는 시간이 즐거웠고, 두 사람은 요즘 많은 시간을 함께 보내고 있었다. 애나는 언제쯤 갈렙이 '그 이야기'를 꺼낼지 궁금했다.

나중에야 갈렙은 솔직하게 인정했다. 그의 가슴을 생기와 생명과 놀라움으로 벅차게 만든 것이 그 윙크였는지, 다른 무엇이었는지 그 때는 확실히 몰랐다는 것을. 어쨌거나 그 덕에 갈렙의 마음은 묘하게 훈훈해지고 있었다.

무대 뒷이야기

a true story on a napkin

큰 이야기
왜 우리에게는 큰 이야기가 필요한가

이 책의 이야기는 여기서 끝났다. 하지만 본격적인 이야기는 이제부터 시작이다.

복음은 혼자서만 고이 간직하는 이야기가 아니다. 우리는 훌륭한 책, 감동적인 영화, 승진 소식, 최고급 휴양지, 잊을 수 없는 노래, 상쾌한 하이킹, 옛 친구와의 우연한 만남 등을 경험하면 아무나 붙잡고 그 이야기를 자세히 풀어 놓고 싶어 안달이 난다. 태어난 지 얼마 되지 않은 내 아들 이야기를 시작하면 밤을 꼴딱 샐지도 모른다.

그런데 왜 우리는 인류 역사상 가장 위대한 뉴스를 입 밖에 내기가 이렇게도 힘든 것일까? 예수님이 이 땅에 오셔서 우리와 하나님의 관계, 다른 사람들과의 관계, 이 세상과의 관계를 치유하시고 회복하신다는 소식에는 왜 입을 꾹 닫고 있느냐 말이다. 이런 이유 때문인지도 모르겠다. 우선 자신이 생각하기에 그것이 전혀 기쁜 소식 같지 않고, 친구들 귀에도 기쁜 소식으로 들리지 않을 것 같아서다.

하나님 나라가 가까우니

열린 자세를 견지하는 기독교인들은 다음과 같은 문구를 인용하곤 했다. "본질적인 것에는 연합을, 비본질적인 것에는 자유를, 모든 것에는 사랑을."[1] 이 문구는 미래의 기독교 공동체를 위한 예수님의 기원[2]을 담고 있다. 예수님은 성도들이 온전한 연합을 이루어 하나님이 세상을 사랑하시고 그 증거로 예수님을 보내셨다는 사실을 온 세상에 알리기를 바라셨다.

이것은 사도행전 15장에 나오는 예루살렘 총회의 결정을 특히 강조해 주는데, 갓 태어난 유대인 분파는 이 총회를 통해 모든 인종과 문화와 국적에 상관없이 사람들을 교회의 일원으로 인정하는 신앙으로 거듭난다. 이는 기독교 공동체가 우상에게 바친 음식이나 할례, 성령의 은사 사용 등 논란이 분분한 문제를 두고 의견이 일치하지 않을 때라도 연합을 지켜야 한다는 바울의 꾸준한 권면을 이행하는 것이다.[3]

하지만 난관은 또 있다. 도대체 무엇이 본질이고, 무엇이 비본질이란 말인가? 본질적인 것과 비본질적인 것의 차이는 늘 모호해서, 예수 그리스도를 따르는 사람들 사이에서 분쟁과 분열, 심지어 폭력까지 야기한다. 결국 우리에게 남은 질문은 이것이다. 진정한 복음의 핵심은 무엇인가?

오늘날 복음을 간단하게 설명하여 널리 사용되는 전도법들의 내용을 살펴보면, 우리 죄가 하나님과 우리 사이를 갈랐고 우리는 영원한 형벌을 받아 마땅한 존재가 되었다. 그런데 예수님이 그 형벌을 대신 받으셔서 우리는 하나님과의 관계를 회복할 수 있다. 우리는 영생, 즉 죽음 이후의 천국을 누리고, 이 땅에 사는 동안 하나님과 개인적인 관계를 맺는다. 보통 이런 설명과 함께 제시하는 '다리 예화'(bridge diagram)는 신앙의 핵심 메시지를 잘 요약한 것으로 간주된다.

외우기 쉬운 내용이라서 나도 이 예화를 수없이 사용했다. 대학 시절, 나는 교회에 다니지 않는 동아리 친구들에게 성경 전체 이야기를 10분 안에 압축해서 들려줄 테니 들을 의향이 있느냐고 묻곤 했다. 호기심이 있거나 술이 거나하게 취한 친구는 흔쾌히 허락했다. 나는 개인적인 이야기를 곁들여 멋지게 설명했고, 성령님이 기회를 주시면 간혹 예수님을 따르겠다고 나서는 친구들도 있었다. 이런 일을 여러 번 겪으면서 나는 복음 전도의 묘한 매력에 빠지게 되었다.

그러나 언젠가부터 복음이 더 이상 기쁜 소식으로 느껴지지 않았다. 그 무렵은 사역이 아주 바쁜 시기는 아니어서 나는 친한 친구들에게 "도대체 믿음이 뭐냐?"라고 물어볼 여유가 좀 있었다. 친구들은 내 이야기를 잘 들어주고 도와주려 애썼다. 하지만 그들의 이야기는 별 도움이 되지 않았다. 그들은 나의 무차별적인 공격을 무던히 잘 받아주었고, 이야기를 끝낸 다음에는 몇 시간이고 같이 비디오 게

임을 하면서 스트레스를 풀었다. 최고의 친구들이었다.

내 문제가 무엇이었냐고? 복음이 너무 독단적인 것 같았다. 모든 길은 한곳으로 통한다고 말하는 종교다원주의가 만연한 세대에서, 예수님이 유일한 길이라고 주장하는 기독교인들은 너무 교만해 보였다. 내가 보기에 기독교의 복음은 편협하고 배타적인 것 같았다. 이것은 요즘 세상에서 가장 중요한 두 가지 금기 사항이 아닌가. 기독교인들이 하는 말이라고는 "이게 진리야"라는 말밖에 없었다. 그것으로 '토론 끝'이었다. 그러면 듣는 사람들은 빌라도가 그랬던 것처럼 "진리가 무엇이냐?"[4]라고 대꾸할 것이다. 우리는 아무것도 증명할 수 없었다. 그들에게는 그들 나름의 진리가, 우리에게는 우리 나름의 진리가 있었다. 이생과 내세를 자주 왔다 갔다 하면서 우리에게 '내세는 이렇다'라는 진짜 극비 정보를 흘려줄 만큼 마일리지를 많이 쌓은 사람은 없었다(일부 베스트셀러 작가들은 반대로 이야기하겠지만). 누군가 천국에 관한 확실한 정보를 얻을 때까지 기다린다면, 그때는 이미 너무 늦을 것이다.

이 책의 서두에서 내가 언급한 '키스'라는 친구를 기억할 것이다. 그는 가족과 함께 살 수 없다면 천국을 거부하겠노라고 이야기했다. 혼자서 천국에 가느니 차라리 가족과 함께 지옥에 가겠다는 것이었다. 물론 그는 핵심을 놓치고 있다. 하지만 "무엇이 진리인가?"가 아니라 "무엇이 실재인가?" 혹은 "무엇이 선한가?"라는 질문이 주요한 질문으로 대두하면, 대부분의 사람이 알고 있는 복음은 더 이상 기쁜 소식으로 들리지 않는 법이다. 적어도 내 친구들에게는 그랬다. 그리고 솔직히 이야기하자면 나도 마찬가지였다. 전도에 대한 열정이 점점 시들해졌다. 번뇌를 잠재우려고 아무리 애를 써 봐도, 머릿속은 파편투성이었다.

몇 해 전, 달라스 윌라드가 신학의 족집게를 들고 그 파편을 뽑아내기 시작했다. 나는 영성과 사역이라는 그의 수업을 듣는 특권을 누렸다. 그는 혁명적인 사상을 말하는 것 같았다. 너무 혁신적이라 처음에는 그 내용을 소화하기가 힘들 정도였다. 하지만 그는 성경 말씀을 통해, 예수님이 가르치신 복음은 그분이 우리 죄 대신 죽으셔서 우리가 죽어서 천국에 갈 수 있다는 내용이 전부가 아니라고 설명해 주셨다. 오히려 예수님은 "때가 찼고, 하나님의 나라가 가까이 왔으니 회개하고 복음을 믿으라!"[5]라고 선포하셨다. 나로서는 미답지를 탐험하는 기분이었다. 하지만 드디어 원정대에 참여하게 된 것 같아 한없이 기뻤다.

예수님은 이 짧은 문장에 복음을 요약하셨다. 하나님 나라는 그분이 가장 자주 설교하신 주제였다. 사후 세계나 성 문제, 도덕성, 결혼, 돈, 율법주의보다 이 문제를 훨씬 더 많이 언급하셨다. 예수님은 이 땅에서 사역하시는 동안 하나님 나라를 정의하고 설명하시는 데 역점을 두셨다. 이 나라의 특징은 하나님과 이웃과 새로운 관계를 맺으며 새로운 삶을 살아가는 새로운 사람들이다. 이들의 삶은 하나님과 이웃을 향한 사랑을 마음껏 발산한다. 이 사랑은 무엇보다도 복음 전도와 세계 선교, 사회 정의, 재정의 청지기, 직업의 소명 등을 통해 드러나야 한다. 하나님 나라는 이 세상을 치유할 것이다. 내 생각에, 이것이야말로 기독교인과 세상을 위한 진정한 기쁜 소식 같았다.[6]

파편은 제거했지만 또 다른 새로운 문제가 발생했다. 복음을 "하나님 나라가 가까웠다"라는 사실로 이해하고 그 나라의 가치관을 통합하는 신학을 부여받았지만, 복음을 설명하는 현재의 방법들이 예수님의 말씀을 온전히 전달하는 것 같지가 않았다. 뭔가 새로운 방식이 필요했다.

오해가 없길 바란다. 다른 전도 방법들 자체가 틀렸다는 말이 아니다. 과거 여러 단체가 이 방법들을 복음을 제시하는 훌륭한 도구로 애용해 왔다. 이 방법들은 죄 문제를 해결하고 그분을 삶의 주인으로 모시려면 예수님이 필요하다는 사실을 잘 강조해 주었다. 하지만 그것이 복음의 일부가 아니라 전체라고 생각하면서 문제가 발생했다. 심각한 경우에 이 방법들은 복음을 지금 이곳에서 영생을 누릴 방도가 아니라 죄의 형벌 즉, 지옥을 면하게 해주는 도구로 전락시키고 말았다.

세 가지 전환

큰 이야기의 방향

따라서 신앙의 핵심 메시지를 좀더 완벽하게 소개하기 위해서는, 다음과 같은 세 가지 전환을 강조하는 새로운 복음 제시법이 필요하다.

결단 → 영적 성숙
개인 → 공동체
사후 세계 → 선교적 삶

결단에서 영적 성숙으로
첫째로, 일회성 결단에서 벗어나는 복음 제시법이 필요하다. 복음의 메시지를 왜곡한 여러 전도법을 살펴보면, 우리는 믿지 않는 친구들에게 예수님이 그들을 위해 이미 하신 일, 즉 예수님이 그들을 위해 십자가에 돌아가신 사건을 받아들이게끔 한다. 그 사실을 받아들이면 예수님의 보혈로 '구원받는다.' 달라스 윌라드는 이런 회심자들을 가리켜 "뱀파이어 그리스도인"이라고 심하게 표현했다. "이들은 천국에 갈 때까지 예수님과 아무런 상관이 없으면서, 자기 죄를 위한 피만 요구한다."[1]

하지만 성경의 이야기는 다르다. 복음서 저자 마태는 우리를 죄에서 구원하시기 위해 예수님이 오셨다고 기록했다.[2] '구원하다'로 번역한 그리스어는 '치유하다' 또는 '건져 내다'라는 뜻이다. 우리는 지옥 불에서 구원받았을 뿐 아니라 죄에서 치유되고 건짐받았고, 지금도 치유되고 건짐받는 중이며, 언젠가는 온전히 치유되고 건짐받을 것이다. 예수님은 죄의 악순환과 그 결과에서, 또 마음속 깊이 숨은 죄에서 우리를 영원히 해방하시기 위해 죽으셨다.

하지만 이 땅에 사는 동안에는 예수님을 닮으려고 노력하다가 마치 황새 쫓던 뱁새처럼 초라하고 무기력한 기분을 느낄 수도 있다. 예수님은 우리가 그분이 한 일보다 더 큰 일도 할 수 있다고 말씀하시지 않았는가?[3] 하지만 그분은 하나님이셨다. 그건 엄청난 기준이다.

그러니 무조건 따라하려 애쓰지 말고, 훈련을 해야 한다.[4] 속담에도 있듯이, 천 리 길도 한걸음부터다. 이것이 바로 영성 성숙의 원리다. 영혼을 날마다 조금씩 빚어 가는 것이다. 죽은 다음에 천국에 가겠다고 죽을 때까지 마냥 기다릴 것이 아니라, 지금 우리 삶을 맡겨야 한다. 하나님의 은혜로 우리는 예수님을 닮는 훈련을 받으며 그분

안에서 성장하여, 지금 이 땅에서 하나님의 사랑을 표현하는 사람이 될 수 있다. 우리가 이 세상에서 보기 원하는 선을 행하는 사람이 되는 것이다. 그럴 때 우리 신앙은 현실적이고 실제적인 신앙이 된다. 날마다 하나님과 교제하면서 그분의 임재 가운데 변화받는 그런 신앙 말이다. 물론 우리에게는 아직 문제가 많다. 하지만 생지옥이라는 말 외에는 달리 자기 삶을 표현할 길이 없는 많은 사람에게 이것은 반길 만한 소식, 어쩌면 기쁜 소식이 될 수 있다. 따라서 복음에는 현재의 변화가 뒤따라야 한다.

사후 세계기 중요하지 않다는 말이 아니다. 당연히 중요하다. 그리고 성경적이다. 그러나 이 땅에서 매일 하나님과 교제하며 성장하는 것도 그와 마찬가지로 중요하다. 복음이 우리를 강권하여 죄에서 구원받고 그리스도를 닮아가게 해야 한다. 그러는 가운데 사후 세계에 대한 비현실적이고 자의적인 진리에서 벗어나, 세상에 더 의미 있는 복음을 제시할 수 있을 것이다.

개인에서 공동체로

둘째로, 복음 제시에서 공동체성이 빠진 경우가 많다. 기존 전도법들은 하나님과 화해가 필요한 개인의 상황을 주로 다룬다. 이것이 꼭 필요한 일임에는 틀림없지만, 성경 시대의 사람들은 오늘날처럼 자아를 개인적인 관점에서만 보지 않았다.

성경 저자들은 독자 대상을 신앙 공동체로 간주했다. 하나님이 성경에서 개인을 언급하시기는 하지만, 그런 경우에도 항상 공동체라는 맥락에서 하셨다. 구약 성경에서 하나님은 전체 이스라엘 백성의 영성을 촉구하고 바로잡고 격려하시기 위해 지도자와 선지자들에게 말씀을 주셨다. 어떤 경우든지, 성경에 등장하는 인물과 하나님의 교제는 전체 공동체가 보고 배워야 할 긍정적 혹은 부정적 본보기가 되었다. 신약 성경에서, 초기 그리스도인들은 처음부터 공동체로 모였다.[5] 성도들은 자주 만나서 깊이 있는 관계를 맺었고, 재산과 소유를 공유하고, 함께 하나님을 예배했다. 이후에 사도 바울이 초기 공동체에 준 명령은 대부분 전체를 대상으로 했다.

기독교 신앙은 공동체에서 드러난다. 이것은 선택이 아니라 의무 사항이다. 사실 공동체가 없으면 신앙은 존재할 수 없다. 그 나라 백성이 함께 모여 화해할 때 그들을 통해 하나님 나라가 빛난다. 바울은 그리스도인들을 신체의 각 부분에 비교했다.[6] 우리는 각기 다르지만 한데 모여 한몸을 이룬다. 우리는 결코 분리될 수 없다. 만약 분리된다면 손 잘린 사람, 절뚝이는 사람, 죽은 사람이 될 테니 말이다. 무시무시한 공포영화에나 등장할 법한 이런 모습은 생각만 해도 소름이 끼친다.

예수님은 두세 사람이 모인 곳에도 함께하신다.[7] 친밀감과 우정을 간절히 바라며 공동체를 강조하는 복음은, 오늘날의 문화에 더 적절하게 느껴질 것이다.

사후 세계에서 선교적 삶으로

이것은 마지막으로 가장 중요한 부분이다. 기존 전도법에서는 선교적인 삶보다 사후 세계를 강조하는 경향이 있다. 복음은 지금이 아니라 죽은 후에 일어나는 일이라는 것이다. 현재 하나님과의 관계를 언급하면서도, 사람들이 복음에서 얻을 수 있는 것들 즉 기쁨이나 평화, 치유와 번영만 강조하는 경우가 많다. 그 결과 우리는 선교적 삶은 쏙 빠뜨린 예수님과의 관계로 사람들을 초청한다. 그 문제는 나중에 생각해도 된다면서 말이다.

이런 왜곡 때문에 기독교는 주는 것보다 받는 것에만 초점을 맞추게 된다. 이렇게 되면 올리버 웬델 홈즈(Oliver Wendell Holmes)가 표현한 것처럼 '너무 천상적이어서 이 땅에는 아무 유익이 없는' 그리스도인들을 양산하는 위험에 빠진다. 기존 전도법들은 사람들에게 남을 사랑하고 축복하는 목적을 지향하지 않더라도 하나님 나라의 일원으로 살아갈 수 있다는 생각을 심어 주었을지도 모르겠다.[8]

하지만 예수님은 처음부터 사람들을 선교적인 삶으로 부르셨다. "나를 따라오너라. 내가 너희로 사람을 낚는 어부가 되게 하리라." 예수님의 초대에는 하나님 나라를 위해 다른 사람들을 사랑하고 그들에게 영향을 미치라는 부르심이 포함되었다. 하나님 나라가 가까이 왔다. 우리는 하나님이 온전히 다스리시는 곳, 그분이 원하시는 일이 정말로 일어나는 곳으로 초대받았다. 그곳은 사랑과 희락과 화평과 오래 참음과 자비와 양선과 충성과 온유와 절제가 넘치는 곳이다."⁹ 지배와 억압은 사라지고 섬김과 사랑만 있는 곳이다. 그 나라는 배타적이지 않고 포용적이며, 그곳에서 맺는 모든 관계는 올바르고 선하고 건강하다. 뿐만 아니라 살아서 지금 그 나라에 들어갈 수 있다. 이것이 바로 기쁜 소식, 곧 복음이다. 이 나라의 시민인 우리는 이 나라를 확장하라는 부르심을 받는다.

어느 날, 나는 다른 도시에 사는 한 친구와 영적인 문제를 이야기하고 있었다. 그가 이렇게 말했다. "예수님이 왜 필요해? 나는 지금 이대로도 행복해. 더 필요한 게 뭐가 있어?" 그는 예수님이 그를 위해 무언가를 해주는 것이 기독교라고 생각했다. 그리고 그의 인생에는 예수님이 필요하지 않았다. 그때 하나님이 내게 이런 생각을 주셨다. '네 인생은 너무 협소해.' 나는 그 친구에게 갈렙과 애나와 존스 교수의 이야기에 등장한 다이어그램을 말로 풀어 설명해 주었다. 이후로 그 친구는 기독교 신앙에 더 관심을 갖게 되었고, 내가 추천해 준 책들을 읽으면서 동네 교회에 정기적으로 나가기 시작했다.

릭 워렌(Rick Warren) 목사의 말처럼, 복음은 우리에 대한 이야기가 아니다. 우리는 복음 전도법에 선교적인 차원을 접목함으로써, 하나님이 사람들에게 허락하신 꿈을 이용하여 다른 사람을 향한 사랑과 치유와 섬김의 근원이 될 수 있다. 우리는 모든 사람을 이 선교적 삶으로 이끌어야 한다. 그들에게 이러한 부르심을 미리 알려 주어 복음을 오해하지 않도록 도와야 한다.

엄밀하게 말하자면, 교회가 이 세 가지 가치관―영적 성숙, 공동체, 선교—을 무시하고 있다고는 생각하지 않는다. 많은 교회에서 이런 내용을 수용하고 실천하려 애쓴다. 초대교회의 교부들로부터 오늘날에 이르는 신학자들은 하나님 나라의 비전을 설명하고 분명히 표현해 왔다. 이런 가치관 자체는 역사도 길고 기독교 신앙의 근저를 형성한다.

다만 요즘 교회와 선교단체에서 복음을 설명하는 방식들이 하나님 나라의 치유 운동에 동참하라고 권하기보다 천국과 예수님에게서 얻는 개인적인 유익만을 강조하는 듯 보이기 때문이다. 이와 전혀 다른 접근법으로 복음을 소개한다면 어떨까? 어떻게 하면 우리의 복음 전도 방식이 다음과 같은 인생의 큰 문제들에 답을 제공해 줄 수 있을까? 왜 우리는 여기에 있는가? 우리 문제는 무엇이고, 해결책은 무엇인가? 우리는 어디로 가고 있는가?

복음은 성경 이야기, 제대로 된 큰 이야기를 되찾아야 한다. 이 이야기는 돈과 명예, 성과 권력이라는 문화적 신화들과 경쟁할 수 있어야 한다. 이런 신화들을 따르면 우리는 행동으로 남을 억압하고 상처를 주는, 더 이기적이고 자아 중심적인 존재가 될 뿐이다. 복음을 나눌 때 우리는 우리 가족과 친구들과 이 세상에 희망과 치유를 가져다주는 기독교 메시지의 장점을 회복해야 한다.

복음은 응급조치가 아니다
큰 이야기의 목적

탁상공론을 늘어놓는 비평가가 되기는 식은 죽 먹기다. 비판만 늘어놓고 다른 사람들에게 구체적인 대안을 제시하지 못한다면 그처럼 불공평하고 무책임한 처사가 어디 있겠는가. 나도 무언가를 내놓아서 사람들이 마치 보석 감정사처럼 그 투명도와 세공 정도와 색상을 평가하게끔 해야 할 것이다. 그래서 여기에 내가 나름대로 정리한 새로운 복음 전도법을 내놓는다. 이 전도법에 다음 네 가지를 담아내려고 노력했다.

첫째, 복음 제시는 하나님 나라의 더 넓은 차원을 담아내어, 일상생활에도 적실성이 있어야 한다. 카메라를 뒤로 쭉 끌어당겨 역사와 문화, 우리를 둘러싼 세상이라는 와이드 파노라마로 복음 메시지를 볼 수 있어야 한다. 개인적인 차원을 넘어 공동체적인 차원, 전 우주적인 차원에 도달해야 한다. 또한 복음 제시는 역사와 문화라는 폭넓은 배경에서 예수님의 삶과 가르침, 죽음과 부활의 핵심을 담아내야 한다. 내가 동료 사역자들과 친구들의 도움을 받아 개발한 다이어그램은 복음의 정수뿐 아니라, 기독교 세계관의 기본을 제시해 준다.

둘째, 복음을 창세기부터 요한계시록에 이르는 성경의 내러티브를 배경으로 제시해야 한다. 요즘 사람들은 드라마와 이야기에 대한 감각을 기를 필요가 있다. 거기서 인생의 의미와 목적이 나오기 때문이다. 그리스도인들에게는 놀라운 이야깃거리가 있기에 우리는 그 이야기를 다른 사람들에게 들려주어야 한다. 우리는 개인의 이야기를 더 크고 의미 있는 이야기와 연관지을 수 있는 기회가 있다.

셋째, 복음 제시는 이해하기 쉽도록 간단해야 한다. 하나님 나라를 다룬 책은 아주 많다. 하지만 평범한 성도들은 이런 개념이 너무 모호하고 복잡해서 이해하기 힘들다. 교회 다니는 사람들 중에 "하나님 나라가 무엇이냐?"라는 질문에 간단하고 정확하면서도 의미 있는 대답을 해줄 신자가 과연 몇이나 될까? 하지만 우리는 그 질문에 답할 수 있어야 한다. 독일 태생 경제학자 슈마허(E. F. Schumacher)는 이렇게 말했다. "문제를 더 키우고, 복잡하게 만들고, 폭력적으로 확대하는 것은 어느 명석한 바보라도 할 수 있는 일이다. 하지만 그 반대로 하려면, 약간의 천재성과 엄청난 용기가 필요하다."

내 말은 천재가 되라는 뜻이 아니라, 이 새로운 다이어그램이 최대한 단순해야 한다는 뜻이다. 적당히 단순해서는 안 된다. 그렇다면

대체 어느 정도로 단순해야 하느냐? 냅킨 한 장에 다 들어가야 한다. 복잡한 사상을 이해하기 쉬운 방식으로 전달할 수 없다면, 우리는 편협한 복음 전도법을 끊임없이 가르치고 들어야 할 것이다. 우리에게는 복잡함을 회피하지 않는 단순함이 필요하다. 그리하여 교회나 신학교 강의실 대신 주로 도서관 열람실이나 커피숍, 자동차 속에서 시간을 보내는 사람들에게 하나님 나라가 의미 있게 와닿게 해야 한다.

마지막으로, 복음은 사후 세계에만 집중하고 현실과는 거리가 먼 죽은 메시지가 아니라 실제 기쁜 소식처럼 들려야 한다.

다음 이야기로 넘어가기 전에 확실히 해 둘 점이 네 가지가 더 있다. 첫째, 내가 제시하는 다이어그램이 복음을 제시하는 유일무이한 방법은 아니다. 언젠가 지금과는 또 다른 문화적·사회적 시각으로 성경을 읽는 미래 세대가, 내가 제시하는 복음에 의혹을 표출하며 또 다른 새로운 방법을 만들어 낼 것이 틀림없다. 나는 진리에 자물쇠를 채울 생각은 추호도 없다. 다른 누군가가 이보다 더 단순하면서도 성경적인 복음 전도법을 들고 나온다면, 당연히 따라야 할 것이다. 하지만 나로서는 이것이 최선이다.

둘째, 이 내용을 독자들의 필요에 맞게 자유자재로 활용하라. 나는 전체적인 골격만 제시할 것이므로, 벽지 색상과 가구 및 인테리어는 당신 마음대로 골라도 좋다. 순서를 바꿀 필요가 있다면, 그렇게 하라. 복음을 제시하면서 개인적인 이야기나 표현을 끼워 넣어도 좋다. 이 내용은 이야기의 기본적인 흐름을 제시할 뿐이다. 그러므로 구조적, 관계적, 개인적이라는 세 가지 차원만 염두에 둔다면 누구라도 큰 이야기의 기본을 잘 설명할 수 있을 것이다.

셋째, 이 복음 전도법을 통해 예수님을 따르기로 결단하는 사람들도 있겠지만, 그렇지 않을 사람이 더 많을 것이다. 각 사람은 하나님의 인도하심에 따라 각자의 독특한 방식으로 믿음에 이른다. 그러므로 이 다이어그램은 만능 전도법이 아니라, 전도자가 성경 이야기를 더 잘 이해하고 다른 사람에게 잘 요약해 줄 수 있도록 돕는 도구에 불과하다. 성경 이야기 자체에 능력이 있지만, 예수님과 함께 그분을 따라 사랑하며 살아가는 공동체 사람들이 그 이야기를 들려주면 더 신빙성이 있을 것이다.

마지막으로, 내가 이 다이어그램의 내용을 뒷받침하기 위해 사용한 성경 구절을 일일이 다 소개할 필요는 없다. 이 내용을 친구들에게 설명해 줄 때 굳이 모든 성경 구절을 인용할 필요는 없는 뜻이다. 이 말이 달갑잖게 들릴 독자들도 있겠지만, 믿지 않는 친구들에게는 성경보다 보노나 오프라, 스티브 잡스 같은 사람들이 더 영향력이 있다는 사실을 잊지 마라. 물론 성경은 그들보다 훨씬 더 중요하고 권위가 있다. 하지만 유대인 청중에게 구약 성경을 다수 인용했던 사도 바울조차 사도행전 17장에서 유대인과 그리스인이 뒤섞인 아레오바고 대중에게 이야기할 때는 성경 인용을 자제하는 지혜를 발휘했다.

그러니 친구들이 질문하면 자연스럽게 성경을 나누되, 너무 많이 인용해서 질리지 않게 하라. 몇몇 구절만 잘 골라 활용하라. 성경이 그들에게 권위가 없다면, 그들은 무척이나 지루해할 것이다. 영화나 대중가요, 책, 블로그, 잡지, 뮤직 비디오와 뉴스 등 대중문화 속 이야기가 더 설득력이 있을지도 모른다. 그런 것들 중에 진실을 말해 주는 이야기가 많다. 하지만 가장 강력한 이야기는 바로 당신 자신의 이야기, 그리고 그 이야기가 어떻게 복음이라는 큰 이야기와 연결되는지 보여 주는 것이다.

리허설
큰 이야기 설명법

다이어그램의 각 단계마다 복음을 어떻게 구조적, 관계적, 개인적 차원에서 적용할 수 있는지 설명하는 것이 최선의 방법이다. 구조적이라 함은, 인간의 일상에 영향을 미치는 문화적, 역사적, 정치적, 제도적, 사회적 힘을 말하는데, 예를 들면 인종주의나 성차별주의, 압제 등을 들 수 있다. 전 지구적으로 크게 생각하라. 개인적이란 말이 개인의 신체적, 정서적, 영적 차원—하나님과의 관계와 연관이 있는 모든 것—을 가리킨다면, 관계적이란 그런 개인간의 역동성을 말한다. 이와 같은 세 가지 차원을 염두에 두어야 이 다이어그램이 지나치게 개인적으로 변질되는 것을 사전에 예방할 수 있다.

이 복음 전도법의 전체적인 톤은 편안한 대화다. 질문을 던지고, 이야기를 들어주고, 상대방의 반응에 적절히 맞장구를 쳐 주라. 대본을 외워 그대로 옮기지 마라. 나는 아주 구체적인 내용까지 제시하여 각 다이어그램을 자세히 설명했다. 하지만 그 내용을 모두 친구들에게 소개할 필요는 없다. 핵심 내용과 전체적인 흐름만 확실히 파악하면 그것으로 충분하다.

따옴표 안에는 복음을 설명하면서 곁들일 수 있는 내용도 예시로 넣었다. 대화 상대나 상황에 따라 이 내용은 달라질 수 있다. 개인적으로, 미리 준비해 온 내용을 그대로 읽기만 하는 발표는 별로다. 개인적인 이야기나 비유를 자유롭게 섞어 가며 이야기하라. 기도하는 심정으로 친구들과 대화하되, 긴장을 풀고 즐기라.

이 복음 전도법은 도입과 네 부분으로 된 본론 그리고 마지막 반응으로 구성된다.

도입: 더 나은 세상을 간절히 바라다

나는 상대방의 경험과 관련이 있는 지점에서부터 복음을 제시하기로 했다. 사람은 누구나 더 좋은 세상을 바란다. 내가 맨 처음 이 다이어그램을 사용하기 시작했을 때는 성경 순서대로 창조에서부터 출발했다. 그런데 친구들에게는 창조 이야기가 신화나 우화처럼 들린다는 것이 문제였다. 더 나은 세상을 바라는 사람들의 갈망에서부터 시작해서 신빙성을 확보한 다음, 뒤로 돌아가 창조와 이 세상의 설계와 관련된 성경적인 세계관을 제시하는 편이 나았다.

우선 오른편 위쪽에 세상을 표시하는 원을 하나 그린다. 그리고 사람을 표시하는 형상 둘을 일정한 간격을 두고 그려 넣는다.

그런 다음에 이렇게 묻는다. "우리가 사는 세상이 어때? 뉴스에는 어떤 소식들이 등장하지?"

이 세상이 별 탈 없이 괜찮다고 말하는 사람들(서양인들이 많을 것 같다)도 있겠지만, 뉴스에 나오는 내용을 말해 달라고 부탁한다. 그러면 대부분의 사람은 고통과 폭력과 억압이 빈번히 등장하는 머리기사를 떠올리면서 이 세상이 엉망진창이라는 데 동의할 것이다. 그때 나는 원을 따라 톱니 모양 선을 그려 넣는다. 만화책에서 등장인물이 다치거나 충격을 받았을 때 표시하는 것처럼 말이다.

"이 세상이 엉망이라는 건 삼척동자도 다 아는 사실이야. 하지만 더 중요한 건 그에 대한 우리의 반응이지. 넌 이런 세상을 보면서 어떤 기분이 드니?"

대부분의 사람은 "가슴이 아프다", "화가 난다", "나와는 상관없는 일이다" 등으로 대답할 것이다. 세상이 마음에 든다고 말하는 사람도 극히 소수 있을지 모르겠다. 무슨 대답을 하든지 잘 듣고 각각의 답에 반응을 해주라.

나는 대개 이런 말을 해준다. "정상적인 사람이라면 고통이나 폭력, 억압을 좋게 생각하는 사람은 없을 거야. 모든 사람은 더 나은 세상을 간절히 바라지. 인간의 이런 보편적인 갈망은 더 나은 것이 존재한다는 사실을 말해 줘. 허기와 갈증이 음식과 물의 존재를 말해주는 것처럼, 더 나은 세상을 바라는 인간의 갈망은 그런 세상이 과거에 존재했거나 앞으로 존재할지도 모른다는 뜻이야."

선을 위해 창조되다

그 다음에는 왼쪽 윗부분에 세상을 표시하는 큰 원을 하나 더 그린다. 이번에는 손상되지 않은 본래의 세상을 나타내므로 삐뚤삐뚤한 선은 그리지 않는다. 그런 다음, 우리 같은 사람을 표시하는 형상을 두 개 그려 넣는다. 그것이 꼭 아담과 하와일 필요는 없다. 두 사람은 오른편 원 안의 사람보다 가까이 붙어 있다. 친밀감을 암시하는 것이다. (원 안의 작은 원은 아직 그리지 마라. 조금 있다가 나중에 그릴 것이다.)

선을 위해 창조되다

"기독교 세계관에 따르면, 하나님은 선하고 아름다운 세상을 창조하셨어. 태초에는 모두가 서로 사이좋게 지냈단다."

나는 사람들이 선뜻 받아들이기 힘든 내용을 말할 때는 대개 "기독교 세계관에서는"이라는 표현을 갖다 붙인다. 그렇게 하면, 상대방이 개인 감정으로 나에게 반대 의사를 표현하지 않으면서도 이 다이어그램에 반대할 수 있도록 여지를 줄 수 있다.

그런 다음, 이 선한 창조 세계를 세 부분, 즉 구조적, 관계적, 개인적 차원에서 설명한다.

세상을 위한 설계. 이야기를 단순화하기 위해 나는 대개 환경 문제에 집중한다. "넓은 차원에서 보자면, 창조 세계는 우리를 돌보기 위해 우리는 창조 세계를 돌보기 위해 설계되었지. 우리는 상호 의지하는 존재로 지어졌단다"(창 1:29; 2:15). 시간적인 여유가 있으면, 성차별 문제를 추가로 언급할 때도 있다. "남자와 여자는 모두 하나님의 형상을 닮은 존재야. 서로 싸우거나 억압하는 관계로 만들어진 것이 아니란다"(창 1:27). 이외에도 말하는 사람이나 듣는 사람이 관심 있을 만한 세계적인 이슈를 고르면 된다.

서로를 위한 설계. "관계적인 차원에서 사람들은 서로 돌보도록 설계되었어. 인간은 진정한 공동체 속에서 서로 사랑과 섬김을 주고받으며 남 앞에서 부끄러움 없이 자기 본연의 모습으로 살아갈 수 있었지"(창 2:25).

하나님과의 관계를 위한 설계. "마지막으로 개인적인 차원에서 인간은 하나님과 사랑과 친밀감이 넘치는 관계를 맺으며 살도록 설계되었지. 하나님은 우리와 함께 시간을 보내셨고, 우리도 그분과 함께하는 시간을 즐거워했어. 하나님과 우리는 서로 사랑하고 축복하는 사이였지"(창 3:9). 그 다음에 하나님의 임재를 표시하는 작은 원을 그려 넣는다. 거기서는 하나님이 원하시는 선한 일들이 실제로 일어나고, 우리는 하나님과 건강하고 온전한 관계를 누린다.

이렇게 이야기를 요약할 수 있겠다. "이 세상과 그 속의 모든 것은 선을 위해 창조되었어." 그러면서 원 위쪽에 '선을 위해 창조되다'라는 글귀를 써 넣는다.

"그런데 이렇게 선한 세상에 도대체 무슨 일이 생긴 걸까? 왜 세상이 오늘날처럼 변해 버린 걸까?"

죄악으로 손상되다

이제 다음으로, 오른편 위쪽 원에 바깥에서 안으로 향하는 화살표를 그려 넣는다. 이 화살표들은 자기중심성을 표시한다.

"하나님이 모든 것을 주관하실 때 이곳은 완벽한 세상이었어. 하지만 그 자리를 넘본 인간은 이 세상과 만물을 하나님의 계획과 섬김을 위해서가 아니라 자신의 이기적인 유익을 위해 사용하게 되었지. 인간의 잇속만 챙기게 되었어."

다시 한 번 세 가지 차원에서 이야기한다.

손상된 세상. "구조적인 차원에서, 우리는 창조 세계를 망가뜨렸어. 우리는 지구의 석유 자원을 고갈시키고 공해로 공기를 오염시키는 구조에 일조함으로써 편리한 생활방식을 소유하게 되었지. 그 대가로 지구는 무시무시한 허리케인과 지진과 해일을 몰고 왔어. 그뿐 아니야. 세상에는 인간과 이 세상을 망가뜨리는 인종차별, 성차별,

노예 제도, 부패, 불의, 억압 등의 문제가 만연해 있어"(창 3:14-19; 겔 16:49; 암 5:4-15; 엡 6:12).

손상된 인간관계. "관계적인 차원에서, 인간은 고의적으로 혹은 부지불식간에 서로 상처를 주고 망가뜨리지. 자기 자신만을 위해 산다면, 남을 고려하지 않고 남의 것을 뺏는 것은 식은 죽 먹기야"(창 3:12-13; 롬 1:18-32). 그런 다음 사람 형상 사이를 분리하는 선을 중간에 그려 넣는다.

손상된 하나님과의 관계. "또 개인적인 차원에서, 우리는 우리 영혼을 손상시키고 하나님과의 관계를 망가뜨리지. 이제 우리는 하나님을 두려워하게 되었고, 그 두려운 분을 어떻게든 피해 혼자서 살아보려고 기를 쓰지. 그렇게 해서 하나님의 계획에 어긋나게 살아가는 거야. 그렇지만 그렇게 해서는 스스로에게 상처만 줄 뿐, 우리가 바라고 꿈꾸는 종류의 사람은 절대 될 수가 없지"(창 3:10; 롬 1:18-32). 그 다음에는 작은 원을 그리고, 원을 따라 하나님과의 관계에 입힌 손상과 충격을 표시하는 삐뚤삐뚤한 선을 그려 넣는다.

"인간과 세상은 악으로 손상됐어. 이 문제에 기여하지 않은 사람은 아무도 없지." 이 다이어그램 위에 '죄악으로 손상되다'라는 말을 써 넣는다.

"주변 사람들 중에 이렇게 망가진 모습을 본 적 있어?"

더 나은 모습으로 회복되다

"하지만 하나님은 이 세상을 무척 사랑하셔서 그대로 보고 계실 수가 없었어."

아래쪽 오른편에 역시 삐뚤삐뚤한 선이 그려진 큰 원을 그린다. 여전히 망가진 이 세상을 표시하는 원이다. 그리고 위에서 아래로 내려오는 화살표를 하나 그린다. 엉망진창인 인간 세계로 들어오신 하나님을 표시하는 내용이다. 또 하나님 나라의 왕이신 예수님을 상징하는 십자가를 그려 넣는다.

선을 위해 창조되다

죄악으로 손상되다

더 나은 모습으로 회복되다

"하나님은 2,000년 전에 예수님의 모습으로 이 세상에 오셔서 새로운 일을 시작하셨지. 악에 대항하는 저항 운동을 시작하셨는데, 쿠데타나 현실 도피 같은 방법을 택하시지는 않았어. 그분은 더 나은 삶의 방식을 가르치셨고, 우리 안팎의 악을 극복할 수 있는 힘을 주셔."

"결국 예수님이 우리 상처와 병의 중심에 들어오셨어." 그분은 스스로 병균에 감염되어 십자가에서 죽으시지. 하지만 그 병을 극복하고 다시 사셔서 우리에게 면역체를 주셔. 예수님 안에서 우리는 우리 안의 이기심과 손상된 이 세상을 넘어설 수 있단다. 그분이 주신 해독제로 우리는 모두 더 나은 모습으로 회복되었지."

세상의 회복. "구조적인 차원에서, 하나님은 창조 세계를 회복하셔서 선하게 사용될 수 있게 하시지. 이 세상의 모든 구조 즉 환경, 대기업, 정부, 학교들은 이제 사랑과 평화와 정의라는 그분의 가치관을 드러내는 도구가 될 수 있어. 억압과 불의도 끝날 거야"(엡 2:11-12; 골 1:15-20).

시간이 좀더 있다면, 이런 이야기를 덧붙인다. "인종차별, 성차별, 연령차별, 계급차별은 그리스도와 함께 죽고, 새로운 대인 관계 방식이 떠오르지. 지구의 자원을 착취했던 방식도 그리스도와 함께 죽고, 지구를 대하는 새로운 방식이 떠올라. 이것이 바로 새로운 세계, 즉 불공평, 경쟁, 억압, 폭력 대신 사랑과 정의와 평화가 다스리는 곳이지."

인간관계 회복. "하나님은 또한 인간관계를 회복하셔서 우리가 서로 사랑하고 용서할 수 있게 해주셔. 손상된 관계를 치유하시지"(마 6:12; 18:21-35). 이런 말을 덧붙일 수도 있겠다. "사람들 간의 적개심과 반목이 그리스도와 함께 죽음으로써 그치게 되지. 남에게 상처를 준 (그건 결국 예수께 상처를 준 것이나 마찬가지야) 우리를 예수님이 용서하셨다는 사실을 알면 우리도 다른 사람을 용서할 수 있어." 그런 다음 나는 예수님처럼 되기 원하는 사람들을 십자가 밑에 그려 넣는다.

하나님과의 관계 회복. "마지막으로, 하나님은 그분과 우리의 관계를 회복하셨어. 사람들은 더 이상 하나님을 두려워하거나 자기중심적인 삶을 살지 않게 돼. 그분의 계획에 반하여 살아가지 않아도 된다는 거지. 그 대신, 이제 하나님과 함께 사랑과 친밀감이 가득한 관계를 맺을 수 있게 되었어"(고후 5:11-21; 골 3:1-17). 이런 이야기를 추가할 수도 있다. "이 세상에 혁명이 필요한 만큼이나, 우리 마음에도 혁명이 필요해. 그렇게 해서 하나님과 화해할 수 있지. 그분과 관계를 맺으면 그분의 목적에 맞는 삶을 살 수 있게 돼. 옛 자아는 그리스도와 함께 죽고, 그리스도와 함께 새 자아가 떠오르는 거지. 예수님은 우리 대신 죽으심으로 우리 스스로 살 수 없었던 삶을 허락하셔. 이제 우리는 그분께 모든 것을 맡기고 예수님처럼 살기 시작하는 거야."

여기서 하나님 나라를 표시하는 작은 원을 그려 넣는다. 하나님 나라는 왼쪽 위편에 그려 넣은 에덴동산을 상징하는 작은 원처럼, 하나님이 바라시는 일이 실제로 일어나는 곳이다. 하나님과의 관계가 회복되었으므로 작은 원의 삐뚤삐뚤한 선은 없어졌다.

이 원의 위쪽에 '더 나은 모습으로 회복되다'라고 적어 넣는다. 유해한 것을 쓸 만하고 살 만한 것으로 뒤바꾸는 하나님의 교정 프로젝트의 시작을 강조하는 문구다. 악이 제멋대로 활보하는 이 세상을 회복하기 위해 이 혁명은 시작되었다. 그렇게 유해한 것이 아름다운 것으로 변화된다. 언젠가 이 혁명은 완수될 것이다.

"기쁜 소식이란, 이 혁명이 이미 시작되었고 우리 모두 여기에 동참할 수 있다는 거야. 예수님은 이 세상과 만물을 더 나은 모습으로 회복하시려고 이 땅에 오셨어."

치유를 위해 함께 보냄받다

그 다음에 이 세상을 표시하는 바깥쪽 원을 그리는데, 이 원에는 여전히 지그재그 선이 그어져 있다. 이 세상은 여전히 망가진 상태이고, 우리가 해야 할 일이 많기 때문이다. 예수님을 상징하는 십자가를 원의 중심에 그려 넣는다.

선을 위해 창조되다   죄악으로 손상되다

치유를 위해 함께 보냄받다   더 나은 모습으로 회복되다

"예수님은 악에 대항하는 이 저항 운동에 우리가 참여하길 바라셔. 세상 속으로 들어가 세상을 치유하는 거지."

주의할 점이 있다. 이 부분에서 회복을 이야기할 때, 종말에 있을 하나님 나라의 회복에만 초점을 맞추고 싶은 유혹이 생길 것이다. 종말에는 '모든 구조와 관계와 개인이 올바르고 선하게 회복된다. 창조, 타락, 구속, 회복의 원리는 건전한 신학이다. 하지만 이 내용을 믿지 않는 친구들에게 이야기해 보니, 터무니없는 공상과학영화처럼 실현 불가능하고 흥미 없고 지루한 소리로 받아들이는 것 같았다. 그보다는 선교, 즉 이 세상을 치유하는 투쟁 과정에 초점을 맞추라. 실생활에서 선행을 베푸는 모험과 기쁨을 강조하라. 현재와 미래 사이의 긴장감은 우리 복음에 진리를 공명하는 강력한 요소다.

이 부분에서는 차례를 바꿔 개인적, 관계적, 구조적 순으로 살펴보겠다.

하나님과의 관계 치유. "개인적인 차원에서, 예수님의 리더십에 복종하고 그분을 닮아가라는 부르심을 받지. 우리는 우리가 세상에서 보기 원하는 선한 존재가 되어야 해. 그래서 우리는 이 세상의 파괴에 일조한 부분을 인정하고, 예수님이 우리 삶을 책임지시도록 내어드리며, 그분만 온전히 신뢰하지"(롬 6:23; 고후 5:17; 골 3:1-17; 요일 1:9). 이런 이야기를 덧붙일 수도 있다. "예수님의 인도를 따르면, 우리 삶에는 사랑과 희락과 화평과 오래 참음과 자비와 양선과 충성과 온유와 절제가 넘치지(갈 5:22-23). 그분은 또한 다른 사람을 사랑하는 삶으로 우리를 이끄셔. 우리는 세상을 치유할 뿐 아니라, 매일의 삶에서 치유를 발견하고 변화되어서 이 세상을 변화시킬 수 있어." 그 다음에 하나님 나라와 그분의 임재를 상징하는 작은 원을 그려 넣는다.

인간관계 치유. "예수님을 닮아가면서 우리는 관계를 치유하라는 부르심을 받아. 자기 자신과의 관계와 다른 사람과의 관계. 우리는 남에게 용서를 구하고, 또 남을 용서하지. 그렇게 해서 서로 마음껏 사랑하게 돼"(마 6:12; 18:21-35; 고후 5:11-21). 이후 안쪽 원 근처에 네 쌍의 사람 모양을 그려 넣는다.

세상의 치유. "마지막으로 좀더 큰 차원에서, 우리는 구조를 치유하라는 부르심을 받아. 언젠가 이 치유가 완성될 날이 올 거야. 그때까지는 환경을 보호하고 치유하라는 부르심이 우리에게 있지. 또 불의와 억압에 맞서 싸워야 해. 물론 쉽지 않은 일이지만, 우리는 다른 사람들과 함께 이 일에 부르심을 받았어"(창 2:15; 출 23:1-13; 레 19:9-15; 23:22; 25:1-54; 신 15:1-18; 겔 16:49 등). 그런 다음 바깥쪽을 향하는 화살표를 여러 개 그려 넣는다. 이 화살표들은 하나님의 영을 표시한다.

"많은 그리스도인이 세 번째 원에 머물러 있어. 세상을 치유하는 일은 관심 밖이지. 그러나 예수님은 그분을 따르는 자들이 네 번째 원에 속하기를 원하셨어. 세상을 치유하기 위해 함께 보냄받기를 바라셨던 거지. 이렇게 해서 우리는 진정한 그리스도인의 모습을 살아낼 수 있어"(마 5:13-16; 눅 9:1-16; 10:1-24; 요 17:20-26; 고전 12:14).

그러고 나서 이 원의 위쪽에 '치유를 위해 함께 보냄받다'라고 쓴다.

"우리는 혼자가 아니야. 성령의 능력과 신앙 공동체가 함께하지. 예수님은 우리에게 이런 자원들을 주시면서 세상을 치유하라고 요청하고 계셔"(마 28:19-20; 요 14:16; 행 2장).

반응

다음으로, '손상된' 원(오른쪽 상단)과 '치유하는' 원(왼쪽 하단)을 가로막는 선을 두 개 긋는다. 우리 스스로 치유 사역을 감당할 수 없다는 뜻으로 그 선에 가로막힌 화살표를 하나 그려 넣는다. 혼자 힘으로는 절대로 그 간극을 넘어갈 수 없다. 그런 다음에 네 번째 원으로 가는 길을 강조하는 화살표를 두 개 더 그린다. 예수님을 통해서만 가능한 길이다.

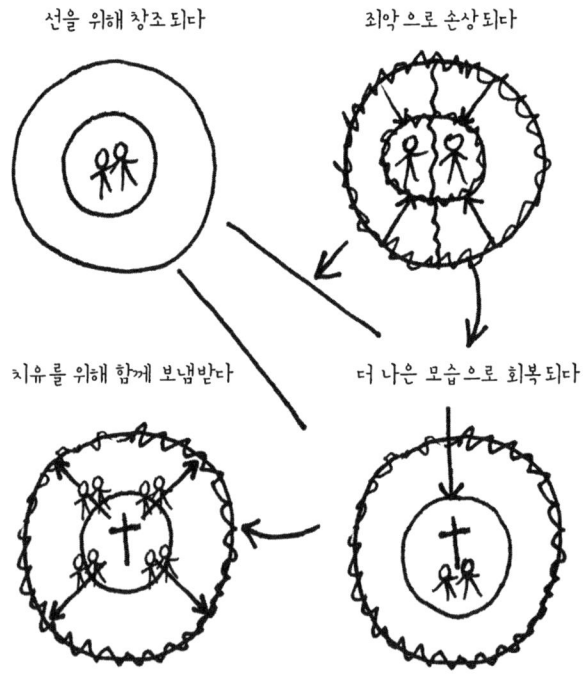

"우리는 마지막 원으로 직행할 수 없어. 먼저 우리는 이 세상에서 보기 원하는 선한 존재가 되어야만 해. 우리가 하는 모든 행동에는 각자의 동기와 직관, 방법 등 우리의 전 존재가 드러나지. 인간은 누구나 손상된 존재이기에, 진정한 치유 사역을 할 수 있으려면 먼저 우리가 치유를 받아야 해. 예수님이 그 일에 적격이시지. 그분을 신뢰하고 그분께 삶을 맡기면, 우리는 우리가 보기 원하는 그런 선한 존재가 될 수 있어."

시간이 충분하다면, 몇 마디 더 보충할 수 있다. "이 세상에 일어나는 문제들을 보면서 위축되기 쉽지. 혼자서는 아무런 힘이 없기 때문에 이 세상에 분노나 공포, 무관심으로 반응하는 경향이 많아. 싸움을 걸거나(그러면 상대방도 싸움을 걸어오지), 무서워서 숨거나, 그러든 말든 상관 안 하는 거지. 영혼을 다치지 않고 혼자서 세상을 치유할 방도는 없어. 이 세상의 문제가 되었건 우리 내면의 문제가 되었건, 우리가 싸우려 할 때는 우리보다 무한히 능력이 많아서 의지할 수 있는 분이 필요해. 단순한 위인이나 종교 지도자 이상인 예수님은 이 세상을 더 나은 곳으로 만드시기 위해 늘 바쁘시지."

계속해서 말한다. "자, 너는 어떤 쪽이야? 첫째, 아무 문제없다는 부류. 둘째, 세상이나 개인의 문제로 힘들어하는 부류. 셋째, 예수님께 헌신했다고 하지만 망설이는 부류. 넷째, 하나님 백성과 함께 그분의 사명을 실천하려 하지만, 하나님이 도대체 이 세상과 무슨 상관인지 잘 모르겠다는 부류. 너는 어느 쪽인 것 같아?"

상대방이 첫 번째 부류라고 대답할 경우: "하지만 우리가 이미 이야기했듯이, 이 세상은 도움이 필요해. 이 세상을 치유하기 위해 넌 어떤 역할을 하고 있니?"

두 번째 부류라고 대답할 경우: "문제가 뭔지 이야기해 봐. 예수님은 그 문제를 해결할 수 있는 방법을 주실 거야."

세 번째 부류라고 대답할 경우: "시작은 좋아. 하지만 예수님은 그 이상을 요구하고 계셔. 세상을 치유하는 예수님의 운동에 참여하기 꺼려지는 이유라도 있니?"

네 번째 부류라고 대답할 경우: "좋아. 너는 지금 하나님 나라의 가치관에 부합하는 일을 하고 있어. 하지만 하나님의 임재와 그분의 백성과 함께라면, 더 많은 일을 할 수 있을 거야. 영원에 영향을 미치는 일에 참여할 수 있다고."

더 자세한 대답이 필요하다고 느낄 때는, 이런 이야기를 덧붙이기도 한다. "지난 2,000년 동안 일어난 주요 사회 개혁 운동을 생각해 봐. 공교육, 의료 혜택, 인권, 아동 인권, 여성의 투표권, 공민권, 문맹 퇴치, 장애인 인권, 공정무역 커피 등을 비롯한 수많은 사회운동을 일으킨 장본인이 바로 그리스도인들이야. 내 기억으로는 이와 비슷한 운동을 일으킨 사람들 중에서 그리스도인이 아닌 경우는 간디가 거의 유일해. 하지만 그조차도 예수님의 복음서에서 배웠다는 사실! 오랜 영향을 미친 선행의 배후에는 이렇게 훌륭한 그리스도인이 많았어."

솔직하게 실패를 인정하는 것도 중요하다. "물론, 종교재판이나 십자군 원정, 서양의 제국주의 등을 언급해야 공평하겠지. 예수님의 이름으로 자행된 극악무도한 사건들이 있었고, 그에 대해 변명을 늘어놓지는 않겠어. 하지만 종교와 관련이 없는 끔찍한 일들도 있었지. 공산주의가 앗아 간 수십억의 생명은 종교재판이나 십자군 원정과 비교가 되지 않아.[2] 나는 그저 객관적인 사실을 제시해 균형을 맞추려는 것뿐이야."

적당한 시점에서, 이렇게 묻는다. "예수님은 네가 세상을 치유하는 운동에 동참하기를 원하셔. 그분을 신뢰하고, 그분께 네 삶을 맡기고 싶지 않니?"

상대방이 동의하면, 함께 기도하자고 요청한다. "예수님, 저는 제 꿈을 좇아 제 자신만 위해 살았습니다. 그렇게 살면서 제 영혼뿐 아니라 다른 사람들의 영혼을 해쳤습니다. 용서해 주세요. 이제 제 삶을 당신께 드립니다. 당신을 신뢰하고, 당신의 목적에 맞게 살아가기 원합니다. 당신의 백성과 함께 이 세상을 치유하는 사람이 되도록 도와주세요. 예수님의 이름으로 기도합니다. 아멘."

기도한 후에는 이렇게 말한다. "예수님의 공동체에 온 걸 환영해! 이제 넌 예수님의 가족이 되었어. 네 죄는 용서받았고, 예수님이 네 안에 살기 원하셔. 예수님은 네가 이 사명을 감당하는 데 필요한 자원을 주시지. 성령을 받기 원하니?" 그런 다음 상대방의 두 손을 잡고 성령님이 그의 삶에 임재하셔서 능력을 나타내시길 기도한다.

그러고 나서 몇 가지를 더 권면한다.

그분의 사명에 참여하라. "그렇다면 네가 할 일은 뭘까? 하나님이 네게 무엇을 요구하신다고 생각하니? 쓰레기 재활용에서 노숙자 쉼터 자원 봉사, 월드비전 참여, 기부 활동, 전도 등 무슨 일이라도 가능해. 자신이 아니라 다른 사람의 유익을 구하는 일이라면 뭐든지 다. 네가 지쳐서 포기하지 않고 어떤 일을 할 수 있을지 다른 그리스도인들에게 조언을 구해 봐. 그런 다음 예수님의 이름으로 다른 사람들을 사랑하면 돼."

그분의 공동체에 참여하라. "너를 잘 알고 도와줄 수 있는 신앙 공동체를 찾아가는 거야. 교회 소그룹이나 선교 단체가 될 수 있겠지. 깊이 교제할 수 있는 교회를 찾아봐. 신앙은 개인적이지만, 꼭 개인적이기만 한 것은 아니거든."

그분의 삶에 참여하라. "이제 너는 예수님을 닮아가는 여정을 시작했어. 그분께 네 삶을 맡겨. 그분을 신뢰해. 그분의 계획대로 살지 못했던 것을 용서해 달라고 기도해. 그런 다음에는 우리가 어떻게 살기 원하시는지 그분께 배워야지. 예수님은 네가 어떤 부분에서, 어떻게 더 그분을 닮기 원하실까? 기도로 예수님과 대화하고, 성경 공부를 통해 예수님을 알아 가야 해. 그분이 원하시는 것은 무엇이든 해 보렴."

이 부분도 상황에 맞춰 적절하게 고쳐 사용해야 할 것이다. 하지만 어떻게 활용하든 전도자와 그 대상자가 모두 이것을 진정 기쁜 소식으로 받아들일 수 있기를 바란다.

큰 이야기 나누기

내가 몸담고 있는 선교단체에서는 이 다이어그램을 가지고 대학생과 다른 친구들을 대상으로 현장 테스트를 거쳤다. 이 메시지를 듣고 나서, 예수님을 따르기로 결심한 사람들도 있었다. 한번은 젠이라는 학생이 친구 로빈과 함께 성경 공부를 하면서 예수님에 대해 토론하고 있었다. 두 사람은 이미 세 번 만났고, 네 번째 만남에서 젠은 종이 한 장을 갖다 놓고 큰 이야기를 소개했다. 다이어그램을 통해 로빈은 더 큰 목적을 깨달았고, 그것을 부여잡았다. "나도 동참하고 싶어." 그렇게 그녀는 예수님께 삶을 드렸다. 로빈은 다른 가족과 친구들에게 이 메시지를 나누고 싶은 마음에, 그 종이를 간직하고 싶다고 이야기했다. 다른 도시로 이사를 가기 전까지, 로빈은 동네 교회의 소그룹에 참석했다.

타일러라는 학생의 사례는 내가 제일 좋아하는 이야기다. 그는 IVF와 캠퍼스 사회단체에서 공동 주최한 행사에서 자칭 '무신론자' 마이크를 만났다. 며칠 후, 타일러는 영성에 관한 대화를 시도하려고 학교에 나왔다가, 우연히 마이크가 지나가는 것을 보았다. 타일러는 마이크에게 다가가 잠시 다이어그램을 소개해도 되는지 물었다. 잠시 후 마이크는 "그래, 이게 바로 내가 생각했던 하나님이야!"라고 감탄했다. 이러한 그의 말들은 자신의 신념 체계를 흔들어 놓았고, 예수님의 메시지는 더할 나위 없이 기쁜 소식으로 들렸다. 마이크와 타일러는 지금도 계속 연락을 주고받고 있다. 마이크는 몇몇 성경 공부 모임과 캠퍼스 전도 행사에 참여했다. 이 다이어그램이 부분적으로나마 그가 무신론자에서 구도자로 회심하는 데 역할을 톡톡히 했다.

내 친구 라이언은 훌륭한 복음 전도자이자 대학생 선교단체 간사다. 그는 큰 이야기를 사용해 스스로 그리스도인이라 주장하는 친구들에게서도 흥미로운 결과를 이끌어냈다. 어떤 모임에는, 어렸을 때부터 교회에 다녔지만 대학에 입학한 이후로 신앙생활을 소홀히 하는 친구들이 있었다. 라이언은 한 젊은이에게 이 다이어그램을 소개하면서, 그 학생은 어디에 해당하는 것 같으냐고 물었다. 이 학생은 즉석에서 자기 삶을 평했다. "세 번째 원이요. 네 번째는 아닌 것 같네요." 믿음의 확신은 있지만, 하나님의 사명에 동참하지는 않고 있기에 고민이 많았다. 그래서 라이언은 그에게 좀더 깊이 다가갔다.

"네가 이 사명에 동참하지 못하도록 만드는 문제는 뭘까?" 라이언은 다이어그램에 감사를 표했다. 믿지 않는 사람뿐 아니라 명목상의 그리스도인들이 이 세상에서 자기 몫을 찾는 데도 큰 도움이 되었기 때문이다.

마지막 이야기는 다른 나라에서 날아왔다. 나는 가난한 나라들에서 교회 개척 사역을 하는 국제 단체의 컨설턴트 자격으로 방콕에서 여름 동안 일했다. 내 친구 데이브는 펌섭에 산다. 오수 구덩이 위에 지은 빈민가다. 나는 거기서 그의 이웃 사람들을 만났다. 마약 거래상들과 함께 줄이 맞지 않는 기타를 연주하고, 태국 전통 곡조로 데이브의 집에서 예배를 드리기도 했다. 바닥에 깐 널빤지 사이로 집 아래쪽 시궁창에서 쓰레기 냄새가 올라왔다. 그의 이웃들과 함께하는 시간이 즐거웠다. 그래서 데이브가 이 다이어그램을 빈민가의 가정 교회 리더들에게 나누어 달라고 부탁했을 때, 너무 기뻐 펄쩍펄쩍 뛰었을 정도다.

다섯 군데 빈민가에서 온 15명의 현지인 가정 교회 리더들이 사역 본부에 모였다. 전에도 통역을 사용하여 설교한 경험은 있었지만, 통역을 끼고 토론을 하기는 처음이었다. 우리의 대화는 태국어, 이산어(Isaan), 영어 이렇게 3개 국어로 통역되었다. 대화는 활발하게 이루어졌고, 별다른 제지 없이 큰 이야기를 무사히 소개했다. 나는 복음을 요약한 다이어그램을 설명해 주었다.

팀 리더가 간단한 질문을 던졌다. "어떻게 생각하세요?" 처음에는 모두들 묵묵부답이었다. 내 얼굴에 근심스러운 표정이 떠올랐다. '설명이 잘 전달된 걸까?' 나는 대학생들을 염두에 두고 이 다이어그램을 만들었다. 빈민가에 사는 가난한 사람들에게도 이 내용이 받아들여질 수 있을지 의심스러웠다.

바로 그때 나이가 지긋한 태국 여성이 입을 열었다. "저는 맘에 듭니다. 사람들에게 복음을 전하면서 그들을 죄인 취급할 필요가 없겠어요. 이웃 사람과도 편하게 나눌 수 있는 이야기 같습니다."

또 다른 리더가 동의했다. "맞아요. 제 생각에도 진정한 복음 같아요."

그러자 젊은 남자 리더가 한마디 거들었다. "이건 저한테만 복음이 아니라, 온 세상을 위한 복음 같습니다."

나는 내 귀를 의심했다. 눈물이 앞을 가렸다. 이 다이어그램은 예수님의 핵심 메시지를 설명한 성경의 진리를 담고 있었다. 이 내용은 그들에게도 적용되었다. 이 메시지는 이웃에게도 이 내용을 나누고 싶은 마음을 심어 주었다. 이 메시지를 가능한 많은 사람들에게 전해야겠다는 생각이 절실해졌다. 이것은 예수님의 메시지이니, 널리 전파해야 했다.

이 책에서 말하는 큰 이야기는 믿지 않는 친구들에게 전해 줄 수 있는 이야기다. 하지만 이 이야기는 또한 그리스도인들을 해방시켜 그들이 마땅히 해야 할 일, 즉 복음 전도를 감당할 수 있게 해준다. 드디어 복음이 진정 기쁜 소식으로 들리고, '복음 전도자'는 아니었던 사람들이 이 메시지에 흥분하여 친구들에게 메시지를 전하는 모습을 목격했다. 이 복음을 통해 예수님의 제자들이 자신의 신앙을 기꺼이 나누고, 믿지 않는 사람들이 예수님과 그분의 진정한 메시지인 '세상을 치유하라'는 사명을 더욱 신뢰하기를 간절히 바란다.

자, 이제 나가서 이 복음을 전하라. 친구들에게 예수님이 전해 주셨던 기쁜 소식으로 복음을 전하라. 어디를 가든지 성령님이 함께하시기를!

감사의 글

이 책은 공동체의 노력으로 탄생했습니다. 기독교 메시지를 가능한 많은 학생과 나누고자 하는 헌신된 캠퍼스 간사들과 학생 리더들의 검토와 실험을 거쳐 나온 책입니다. 하나님 나라를 향한 샌디에이고 IVF 간사들의 열정이 없었다면, 이 책은 빛을 보지 못했을 것입니다. 감사의 뜻으로 인세의 절반은 샌디에이고 IVF의 사역에 쓰일 것입니다. 기도와 재정 후원자들에게도 깊이 감사드립니다. 그들의 협력이 있었기에 우리는 하나님 나라의 열매 맺는 사역에 헌신할 수 있었습니다.

달라스 윌라드에게 큰 빚을 졌습니다. 예수님이 가르치신 복음의 내용을 분명하게 볼 수 있도록 도와주었을 뿐 아니라, 저를 격려해서 책을 쓰게 해주셨습니다. 돈 에버츠(Don Everts), 사라 홀린(Sarah Holine),

크리스 윗틀리(Chris Wheatley), 라스 암퀴스트(Lars Almquist), 아이작 폴락(Isaac Pollock), 마크 로(Mark Roh), 제럴드 정(Gerald Choung), 랄프 빈스트라(Ralph Veenstra), 더그 샤우프(Doug Schaupp), 제이미 윌슨(Jamie Wilson), 크리스 바론(Chris Baron)은 저작 초기 단계에서 상세한 피드백과 아낌없는 격려를 주었습니다. 라이언 파이퍼(Ryan Pfeiffer), 앤디 빌혼(Andy Bilhorn), 타일러 올레드(Tyler Allred), 케이트 보스버그(Kate Vosberg), 테리 에릭슨(Terry Erickson), 브라이언 맥클라렌, 릭 워렌은 본서의 다이어그램에 크게 기여해 주신 분들입니다. 모든 분께 감사드립니다.

알 휴(Al Hsu)와 함께한 편집 과정은 즐겁고도 소중한 시간이었습니다. 훌륭한 피드백을 제시하면서도 인정사정없이 실수를 지적하는 편집자가 세상에 몇 명이나 될까요? 또 미국 IVP의 간사진은 이 책이 나오기까지 세부적인 과정을 모두 감당해 주었습니다. 그들의 탁월한 직업 정신과 열정에 감사를 드립니다.

제게 진정한 신앙 유산을 물려주신 부모님께 감사드립니다. 마지막으로, 가장 좋은 동료이자 친구인 아내 진희가 없었다면 이 모든 게 불가능했을 것입니다. 아내는 늘, 특히 이 원고를 쓰는 중에 제가 더 분명하게 생각할 수 있도록 도전해 주었고, 함께하는 동안 전폭적인 지원과 격려 그리고 웃음을 아끼지 않았습니다. 잠언 31장 말씀처럼 덕행 있는 여자는 많으나 그대는 모든 여자보다 뛰어납니다.

주

프롤로그: 신앙의 위기
1) 디모데후서 4:5.
2) 로마서 6:23.
3) 야고보서 2:13.
4) 로마서 8:1.
5) 에베소서 2:8-9.
6) 아모스 5:24.
7) 마태복음 25:31-46.

제1장 선을 위해 창조되다
1) 에베소서 2:8-9.
2) 더 자세한 내용은, 다음 책을 보라.
   Lee Strobel, *The Case For Christ* (Grand Rapids: Zondervan, 1998).「예수는 역사다」(도서출판 두란노).
3) 로마서 8:19-25은 피조물이 다 온전한 구속을 "고대한다"라고 말한다.
4) '에누마 엘리쉬'라는 바벨론 창조 신화에서는, 마르둑 즉 질서와 정의와 빛의 신이 혼돈과 어둠의 여신 티아맛을 죽인다. 그 다음 마르둑은 티아맛의 시신을 이용해 하늘과 땅을 창조한다. 이 서사시의 일부를 다음 책에서 읽을 수 있다.
   James Bennett Pritchard, ed., *Ancient Near Eastern Texts Relating to the Old Testament*, 3rd ed., with supplement ed. by James Bennett Pritchard

(Princeton, N.J.: Princeton University Press, 1969), pp. 60-71.
5) Tim Keller는 1998년 5월 31일에 뉴욕시 리디머 장로교회에서 한 설교에서 이 시계-사자 예화를 들려주었다.
6) R. David Freedman, "Woman, a Power Equal to a Man", *Biblical Archaeology Review* 9(1983): pp. 56-58.
7) 창세기 3:16.
8) 주전 2000년대 모세 시대에는 권력을 쥔 통치자가 다른 사람, 대개 약한 노예의 이름을 다시 지을 권한을 가졌다. 아담이 동물들의 이름을 지었다는 사실(창 2:20)은 그가 모든 창조 세계에 책임을 지는 존재였다는 증거다. 아담은 창세기 2:23에서 하나님이 주신 짝에게 여자라고 불렀을 뿐이지만, 타락 이후 하와라는 이름을 지어 준다(창 3:20).

제2장 죄악으로 손상되다

1) Vandana Shiva, "The Suicide Economy of Corporate Globalization", April 5, 2004, Countercurrents.org <www.countercurrents.org/glo-shiva050404.htm>.
2) Martin Luther King Jr., "Letter from a Birmingham Jail", in *A Testament of Hope*, ed. James M. Washington(San Francisco: HarperSanFrancisco, 1986), p. 290.
3) 창세기 3:12.
4) Edgar C. S. Gibson, "Some Names in Genesis," in *The Expositor*, ed. Samuel Cox(London: Hodder and Stoughton, 1873), 4:354.
5) Gordon Hugenberger에 따르면, 고대 근동에서 대다수의 결혼은 일부일처제였다고 한다. 여러 아내를 두는 것은 왕가에서나 가능했다. 그러므로 창세기 1-2장에서, 저자는 두 왕통—즉 하나님의 혈통과 인간의 혈통—의 초상화를 그리고 있는 셈이다. 최초의 일부다처제는 인간의 혈통인 라멕에서 나타났는데, 그를 역할 모델로 보기는 어렵다. 하나님의 혈통에서도, 아브라함(사라와 하갈), 야곱(아내와 첩, 여러 자녀), 다윗, 솔로몬(이방 아내를 따라 하나님에게서 멀어짐) 등 아내를 여럿 둔 족장과 왕들은 가정사에 문제가 많은 것으로 그려진다. 교회 지도자는 한 아내를 두어야 한다는 바울의 말(딤전 3:2, 12; 딛 1:6)을 보면, 성경도 궁극적으로는 일부일처제를 지지하는 것 같다.
6) 창세기 3:8.
7) 창세기 10:4, 20, 31. 사실, 창세기 10장과 11장의 관계는 불분명하다. 아마도 이

것은 패널링(paneling)이라는 고대 근동 스토리텔링 기법의 예인 것 같다. 연대순으로 내러티브를 풀어 나가지 않고, 같은 이야기를 다른 각도에서 반복하여 강조한다. 연대순을 따르건 따르지 않건, 내러티브의 순서는 창세기 저자에게 중요한데, 그는 씨족과 언어의 확장이 "생육하고 번성하여 땅에 충만하라 땅을 정복하라"(창 1:28)라는 하나님의 '문화 명령'을 따르고 있다는 점을 강조하는 듯하다.

8) 갈라디아서 3:28.
9) 사무엘하 11:3; 사도행전 10:1.
10) 고린도후서 5:18.
11) 마태복음 6:24; 누가복음 16:13.
12) "Key Trends in Christian Stewardship and Philanthropy", Generousgiving. org <www.generousgiving.org/page.asp?sec=4&page= 504#Q2>, World Bank, World Bank Development Indicators. 2000년에 미국 복음주의자들의 총 수입은 2조 6,600억 달러였다. 참고로 일본의 GDP가 4조 7,500억 달러, 미국의 GDP는 9조 7,600억 달러였다.
13) Jorn Madslien, "Debt relief hopes bring out the critics", June 29, 2005, BBC News <news.bbc.co.uk/1/hi/business/4619189.stm>.
14) 부와 신앙 문제에 관심 있는 독자들은, 다음 책을 참고하라. Richard Foster, *Money, Sex & Power: The Challenge of the Disciplined Life* (San Francisco: Harper & Row, 1985), 「돈 섹스 권력」(도서출판 두란노); Ronald Sider, *Rich Christians in an Age of Hunger* (Nashville: Thomas Nelson, 2005), 「가난한 시대를 사는 부유한 그리스도인」(한국 IVP); Kevin Blue, *Practical Justice* (Downers Grove, Ill.: InterVarsity Press, 2006).

제3장 더 나은 모습으로 회복되다

1) 요한복음 1:14. *The Message*(복있는사람 역간 예정).
2) 마태복음 5-7장.
3) "Rabbi and Talmidim", Follow the Rabbi <www.followtherabbi.com/Brix?pageID =2753>.
4) "천국 복음"이란 표현이 마태복음 4:23과 9:55에 두 번 더 나오고, "하나님 나라의 복음"은 누가복음 4:43, 8:1, 16:16에 세 차례 등장한다.
5) Brian Walsh and Sylvia Keesmaat, *Colossians Remixed: Subverting the Empire* (Downers Grove, Ill.: InterVarsity Press, 2004), p. 75.

6) S. H. Travis, "Eschatology", in *New Dictionary of Theology*, ed. Sinclair B. Ferguson et al. (Downers Grove, Ill.: InterVarsity Pess, 1988), pp. 228-231.
7) 더 깊은 논의를 위해서는 다음 책을 보라. Dallas Willard, *The Divine Conspiracy* (San Francisco: HarperSanFrancisco, 1998). 「하나님의 모략」(복있는사람).
8) N. T. Wright, *Simply Christian* (San Francisco: HarperSanFrancisco, 2006), pp. 63-66. 「톰 라이트와 함께하는 기독교 여행」(한국 IVP).
9) 마태복음 18:20.
10) 로마서 6:5; 빌립보서 2:1.
11) 로마서 6:8; 골로새서 2:20; 갈라디아서 2:20.
12) 로마서 6:8; 에베소서 2:5; 골로새서 3:1.
13) 마태복음 16:24; 마가복음 8:34; 누가복음 9:23.
14) 요한복음 6:53-60.
15) 속죄 이론을 더 공부하고 싶은 독자들은 다음 책을 보라. John Stott, *The Cross of Christ*, 20th anniversary ed. (Downers Grove, Ill.: InterVarsity Press, 2006), 「그리스도의 십자가」(한국 IVP); Brian McLaren, The Story We Find Ourselves In (San Francisco: Jossey-Bass, 2003).
16) Robert N. Wilkin, "New Testament Repentance: Lexical Considerations", Bible.org <www.bible.org/page.asp?page_id=2505>.
17) N. T. Wright, *The Challenge of Jesus* (Downers Grove, Ill.: InterVarsity Press, 1999), pp. 43-44. 「Jesus 코드」(성서유니온선교회).
18) J. P. Louw and Eugene Albert Nida, *Greek-English Lexicon of the New Testament* (New York: United Bible Societies, 1989).
19) 마태복음 6:33.
20) I. Howard Marshall et al., eds., *New Bible Dictionary*, 3rd ed. (Downers Grove, Ill.: Inter-Varsity Press, 1996).
21) 마태복음 1:21. 다음 구절도 보라. 고린도전서 15:3; 갈라디아서 1:4; 히브리서 7:27; 10:12; 로마서 5:8; 고린도후서 5:21; 갈라디아서 3:13; 에베소서 5:2; 데살로니가전서 5:10; 디도서 2:14; 요한일서 3:16. 이 구절들은 예수님이 우리 죄에 대한 형벌을 치르셔서 우리가 천국에 들어갈 수 있다는 단순한 구원의 의미를 넘어서서 포괄적인 구원의 의미를 제시한다.
22) Matthew White, "Selected Death Tolls for Wars, Massacres, and Atrocities before the 20th Century" <users.erols.com/mwhite28/warstat0.htm>.

23) Chuck Colson, "A New Century of Martyrs: Anti-Christian Intolerance", June 17, 2002, Berean Publishers <www.bereanpublishers.com/Persecution_of_Christians/a_new_century_of_martyrs.htm>.
24) Benny Aguiar, "Gandhi vs. Christ", September 26, 1992, *Examiner* <www.geocities.com/orthopapism/gandhi.html>.
25) 로마서 6:8; 골로새서 2:20; 갈라디아서 2:20.
26) 로마서 6:8; 에베소서 2:5; 골로새서 3:1.

제4장 치유를 위해 함께 보냄받다
1) 마태복음 4:19; 마가복음 1:17.
2) 달라스 윌라드가 2004년 6월에 한 말을 내 방식대로 풀어쓴 말이다.
3) 전도서 4:12.
4) 창세기 26:3; 26:24; 28:15; 31:3; 48:21.
5) 출애굽기 3:12; 여호수아 1:5.
6) 사사기 6:16.
7) 열왕기상 11:38; 역대기하 20:17.
8) 이사야 41:10; 43:2, 5.
9) 마태복음 28:20.
10) 고린도전서 6:19. 이 본문은 성령이 성전 된 각 사람에게 내주하신다고 이야기하는 유일한 구절이다. 로마서 8:9, 고린도전서 3:16, 갈라디아서 3:2 같은 다른 본문에서는 성령이 신자 공동체에 내주하신다고 말하고 있다.

에필로그: 새로운 출발
1) 이 텐트는 "아프리카 체험"이라고 하는 실제로 존재하는 텐트다. 월드비전이 제작한 것으로, 이 행사를 주최하고 싶은 단체는 누구든 빌릴 수 있다.

큰 이야기: 왜 우리에게는 큰 이야기가 필요한가
1) 이 인용구의 출처는 대개 Augustine으로 알려져 있지만, 이에 동의하지 않는 학자들도 있다. "A Common Quote from 'Augustine'?" <ccat.sas.upenn.edu/jod/augustine/quote.html>.
2) 요한복음 17:20-26.
3) 고린도전서 전체는 고린도 교회의 분열을 조장하는 여러 가지 문제들을 다룬다.
4) 요한복음 18:38.

5) 마가복음 1:15.
6) 하나님 나라를 다룬 입문서로는 다음 책을 보라. Dallas Willard, *The Divine Conspiracy* (New York: HarperOne, 1998); Allen Wakabayashi, *Kingdom Come* (Downers Grove, Ill.: InterVarsity Press, 2003), 「웰컴 투 하나님 나라」 (생명의말씀사).

세 가지 전환: 큰 이야기의 방향

1) Dallas Willard, *The Divine Conspiracy* (New York: HarperOne, 1998), p. 403.
2) 마태복음 1:21.
3) 요한복음 14:12.
4) John Ortberg, *The Life You've Always Wanted* (Grand Rapids: Zondervan, 2002), p. 42. 「평범 이상의 삶」(사랑플러스, 2006). 디모데전서 4:7-8도 보라.
5) 사도행전 2:42-47.
6) 고린도전서 12장.
7) 마태복음 18:20.
8) 그래서 나는 Rick Warren의 「목적이 이끄는 삶」(*The Purpose Driven Life*, 디모데, 2003)처럼 기독교 대중 시장을 대상으로 한 최신 출판물들의 방향성이 맘에 든다. 이 책은 하나님의 백성으로 하여금 예수님을 닮고, 다른 사람을 축복하라는 하나님이 주신 목적을 붙잡으라는 분명하고 기본적인 부르심을 확인해 준다.
9) 갈라디아서 5:22-23.

리허설: 큰 이야기 설명법

1) 이 부분에서 설명 가능한 속죄 이론은 여러 가지가 있을 수 있다. 간단명료한 설명을 위해, 나는 개인적, 관계적, 구조적인 차원을 가장 완벽하게 통합할 수 있는 이론을 골랐다.
2) Peter Hammond, "The Greatest Killer", Christianaction.org <www.christianaction.org.za/firearmnews/2004-04_thegreatestkiller.htm>.

저자 인터뷰

제임스 정, 오래된 옛 이야기를 새로운 세대에 들려줄 길을 찾다

ⓒ 2008 Christianity Today International
이 글의 한국어판 저작권은 Christianity Today International과의 계약으로 (주)기독교미디어그룹/크리스채너티 투데이 한국판(CTK)에 있으며, CTK의 허락을 받아 싣습니다.

사영리에서 냅킨 전도로

인터뷰: 앤디 크라우치(Andy Crouch)

MIT 대학 출신인 제임스 정이 대학생들의 복음 전도를 돕는 사역을 시작하면서 엔지니어들에게 가장 사랑받는 비장의 무기, 다이어그램을 찾은 것은 우연이 아닐 것이다. 현재 미국 IVF 샌디에이고 지역 디렉터로 섬기는 제임스 정은 대학 캠퍼스 사역에 평생 헌신했다. 오늘날의 젊은 기독교인들은 대학 캠퍼스에서 의심과 개방성이라는 모순되고 혼란스러운 상황을 만나게 된다. '2008 크리스천 비전 프로젝트'가 던진 큰 질문은 "우리의 복음은 너무 협소하지 않은가?"이다. 회의에 빠진 학생들과 그들의 친구들을 설득하는 데 헌신하고 있는 제임스 정의 대답은 '아니오'이다.

냅킨 전도 다이어그램이 설명하는 '큰 이야기'의 핵심을 간단히 요약해 주십시오.

이 다이어그램에 '큰 이야기'(the Big Story)라는 제목을 붙인 까닭은, 이 이야기가 우리가 숨 쉬고 살아가는 더 큰 이야기의 줄거리를 압축해 주기 때문입니다. 다이어그램에서 가장 핵심 부분은 거기 쓰인 문구들입니다. '선을 위해 창조되다', '죄악으로 손상되다', '더 나은 모습으로 회복되다', '치유를 위해 함께 보냄받다'인데, 이 네 가지 문구는 창조, 타락, 구속, 사명이라는 성경의 내러티브를 따른 것입니다.

네 가지 원을 그리면서 이런 이야기를 들려줍니다. 세상과 사람은 모두 선하게 창조되었지만, 자신의 유익을 다른 사람의 유익보다 앞세우는 인간의 자기중심성 때문에 모든 것이 악으로 망가졌습니다. 하지만 우리를 사랑하신 하나님은 세상이 망가지는 것을 그대로 보고 계실 수 없어서 예수님의 모습으로 이 땅에 오셨습니다. 예수님은 인간의 모든 악을 짊어지고 십자가에서 죽으셨고, 그분의 부활로 모든 것이 회복되었습니다. 세상의 마지막 날에 모든 것은 온전히 회복되겠지만, 그때까지 예수님을 따르는 이들은 사람과 관계와 이 세상의 구조를 치유하는 일에 다 함께 보냄을 받았습니다.

「냅킨 전도」에서 소개한 다이어그램은 다양한 복음 전도 도구의 계보를 잇습니다. 새로운 전도법을 개발해야겠다고 생각한 특별한 동기가 있으신가요?

대학생 시절 신앙 문제를 진지하게 고민하기 시작하면서 여러 가지 복음 전도법을 사용해 보았습니다. 제가 살던 기숙사에서 신앙 생활을 하는 그리스도인은 제가 유일했습니다. 복음에 호기심이 있거나 술에 취해 관심을 나타내는 친구들에게 뭔가 해줄 이야기가 있었으면 했습니다. 이야기가 잘 풀리지 않는 날도 있었지만, 어떤 때는 이런 전도법이 먹혀서 난생 처음 예수님을 따르기로 결단하는 친구들이 생기기도 했습니다. 전도하는 저나 전도받는 친구나 놀랄 일이었습니다!

이런 도구들이 분명 자동적으로 사람들을 예수님께 이끄는 요술 지팡이는 아닙니다. 하지만 복음을 분명하고, 또 기억하기 쉽게 설명하도록 돕는 훌륭한 도구임에 틀림없습니다. 긴장할 때는 미리 준비한 내용이 있으면 조리 있게 이야기하는 데 도움이 됩니다. 또 실전에서 반드시 그 전도법을 사용하지 않더라도, 전도할 때 꼭 해야 할 이야기와 삼가야 할 이야기를 염두에 두는 데 도움이 됩니다.

저는 이 전도법들이 성상(聖像) 같다고 생각합니다. 문자를 사용하기 전의 기독교인들은 초자연적 세계를 현실에 나타내려는 목적으로 조형적 수단을 활용했습니다. 성화나 성상, 스테인드글라스 등을 사용해 성경의 이야기나 그 주제를 표현했습니다. 복음 전도 다이어그램도 비슷한 역할을 해서 신앙의 핵심 메시지를 이해하도록 도와줍니다.

하지만 이 책에서 소개하는 다이어그램은 이전에 나온 복음 전도법들과 강조점이 조금 다르다고 느껴지는데, 어떠신가요?
저는 예수님의 가르침 중에 가장 중요한 주제인 하나님 나라에 관한 이야기가 다른 전도법들에서 빠져 있다고 생각했습니다. 또 성경이나 최신 신학 서적에서 하나님 나라에 대한 내용을 많이 읽었지만, 막상 친구들에게 신앙의 핵심 메시지를 전할 때 사용하는 전도법에는 늘 그 부분이 빠져 있었습니다. 그래서 저는 '하나님 나라에 대한 책이 아무리 많아도, 그 핵심 사항을 잘 기억할 수 있도록 도와줄 도구 즉, 어떤 아이콘이 없다면, 친구들에게 하나님 나라 이야기를 들려줄 수가 없겠구나'라는 생각이 들었습니다. 개인적으로 미리 준비해 와서 하는 발표를 그다지 좋아하지는 않지만 예수님이 가르치신 복음의 큰 그림을 이해하려면 새로운 다이어그램을 만들어야겠다는 생각을 했습니다.

새로운 다이어그램에 종교계, 특히 대학생들의 변화도 반영을 했습니까?
대학생 사역에 몸담은 지 13년입니다. 학부 시절까지 포함하면 16년이 됩니다. 요즘 대학생들은 제가 대학에 다니던 시절과 다를 수밖에 없습니다.

1990년대 초반 대부분의 학생은 기독교에 깊은 불신을 가지고 있었습니다. 그래서 캠퍼스 사역도 신뢰를 쌓는 데 집중했습니다. 쉽지 않은 일이었습니다. 멘토링 관계를 맺으려면 시간을 좀 내달라고 애걸해야 했습니다. 그 당시에는 복음 전도도 확실성과 공동체에 초점을 맞추었습니다. 그 시절 가장 중요한 영적인 질문은 "무엇이 실재하는가?"라는 것이었습니다.

그러나 소위 '밀레니엄 세대'(Y세대)로 통하는 요즘 대학생들은 신뢰감이 훨씬 더 높아졌습니다. 신입생들은 제 발로 와서 멘토를 찾습니다. 또 이들은 시민 세대입니다. 스스로 세상을 바꿀 수 있다고 생각하기 때문에 봉사 활동에도 적극적입니다. 과거 학생들보다 훨씬 낙관적입니다. 그래서 요즘은 에이즈나 성매매 등 사회 문제를 다루는 접근법이 효과가 있습니다. 세계 이슈와 영성을 함께 다루는 것이 최선의 방책입니다. 많은 학생이 관심을 갖고 찾아옵니다.

> 문자를 사용하기 전의 기독교인들은 성경 이야기를 표현하기 위해 성상과 스테인드글라스를 활용했습니다. 복음 전도 다이어그램도 비슷한 역할을 해서 신앙의 핵심 메시지를 이해하도록 도와줍니다.

오늘날 가장 중요한 영적인 질문은 이런 것들입니다. "무엇이 선한가?", "어떻게 하면 이 세상을 더 좋은 곳으로 만들 수 있을까?" 우리의 신앙이 오늘날에 영향력을 가지려면 이에 대한 해답을 찾아야 할 것입니다.

동시에 캠퍼스 환경은 금세 또 변할 수 있습니다. 지난 5년 사이에 대학 문화는 반기독교적으로 변했습니다. 제 기억으로 1980년대 텔레비전 부흥사들이 사회적으로 물의를 일으킨 이후 요즘처럼 사람들이 기독교에 부정적인 때도 없는 것 같습니다. 많은 사람이 기독교인들은 편협하고 지나치게 정치적이며 동성애를 혐오하는 사람들이라고 생각합니다. 우리는 그런 이미지를 극복하기 위해서 열심히 노력해야 합니다.

휘튼 칼리지 전도학 교수 릭 리처드슨(Rich Richardson)은 "최고의 복음화 전략은 시대의 우상에 도전한다"라고 말한 바 있습니다. 예를 들어, 대학생선교회(CCC)의 사영리는 자율적인 자아라는 우상에 문제를 제기했습니다. 큰 이야기가 집중 공략하는 우상들에는 어떤 것들이 있습니까?

큰 이야기가 주는 가장 핵심적인 도전은, 두 번째 원(죄악으로 손상되다)에서 네 번째 원(치유를 위해 함께 보냄받다)으로 곧바로 가지 못하게 막는 평행선입니다. 다이어그램을 가지고 현장 테스트를 해 보니, 많은 사람이 예수님을 거치지 않고 곧바로 세상의 치유와 회복에 뛰어들기 원했습니다. 그들은 "세상을 치유하는 데는 관심이 있지만, 왜 굳이 예수님을 통해야 하나요?"라고 물었습니다.

하지만 이 다이어그램은 이렇게 말합니다. "예수님 없이는 이 일을 할 수 없어. 예수님이 도와주셔야 이 세상을 회복하는 진정한 치유자로 살 수 있어. 인간의 자아중심성을 죽이고 진정한 삶을 살 수 있도록 도우실 분은 예수님뿐이야. 그러니까 영원한 영향력을 미치며 세상을 치유하고자 한다면, 예수님을 반드시 통해야 해."

세 번째 원을 반드시 거쳐야 합니다. 이 부분에서는 사람들에게 잊힌 기독교 역사를 꺼내어 기독교인들이 노예 해방 운동이나 여성의 투표권, 참정권 운동 등 주요 사회 변화 운동에 선구자 역할을 감당했음을 상기해 줄 수도 있습니다.

그런데 많은 사람이 이 대목에서 "네 이야기는 다 좋아. 하지만 세상을 변화시키는 일에 왜 꼭 예수님이 필요한지는 모르겠어"라고 말하며 자리를 뜰 것입니다. 포스트모던이라는 우상은 모든 영적 삶의 방식이 한 길로 통한다고 말합니다. 어떤 진리도 다 옳다는 것입니다. 포스트모던 사상은 어떤 길을 택해도 선행과 선한 존재에 도달할 수 있다고 믿습니다.

그러나 우리 그리스도인들은 사람들에게 '회개'를 촉구합니다. 회개란 '마음의 변화' 또는 '새로운 사고방식'을 갖는 것을 뜻합니다. 자신의 이기적인 삶을 십자가에 못박아야 할 필요성을 깨닫는 것입니다. 그렇게 함으로써 하나님과 이웃을 사랑하는 새로운 삶을 소유할 수 있습니다. 이것이야말로 이 세대에게 던지는 엄청난 믿음의 도전입니다.

냅킨 전도 다이어그램은 죄 문제를 어떻게 설명하고 있습니까?
전통적인 복음 전도법에서는 복음을 전할 때 가장 먼저 사람들이 스스로 죄인임을 깨닫게 해야 한다고 믿었습니다. 그러지 않으면 구원 문제나 죽은 뒤에 천국에 갈 수 있다는 확신을 언급할 수 없기 때문입니다.

틀린 말은 아니지만 이런 접근법에는 약간의 문제가 있습니다. 상대방과 어떤 공감대를 형성할 수 없기에 우리가 하는 이야기가 그들에게 전혀 무게감이 없는 것입니다. 우리는 그냥 사람을 만나서 이게 진리라고 말할 뿐입니다. 포스트모던 사회에서 이처럼 교만해 보이는 게 또 있을까요? 이것이 진리라는 것을 어떻게 알 수 있나요? 우리가 천국에라도 가 봤단 말인가요?

그러므로 큰 이야기를 시작할 때는 우리가 상대방과 공유하는 생각, 즉 이 세상이 원래 의도에서 한참 멀어졌다는 이야기부터 꺼냅니다. 이 말에 동의하지 않는 사람은 없습니다. 또 이 세상을 생각만 해도 맘이 무거워진다는 사실에도 하나같이 동의합니다. 이 세상이 훌륭하다고 생각하는 사람은 아무도 없습니다. 모든 사람은 더 나은 세상을 바랍니다. 여기까지는 아무도 이의를 제기하지 않습니다. 현장 테스트에서도 그 점은 입증되었습니다.

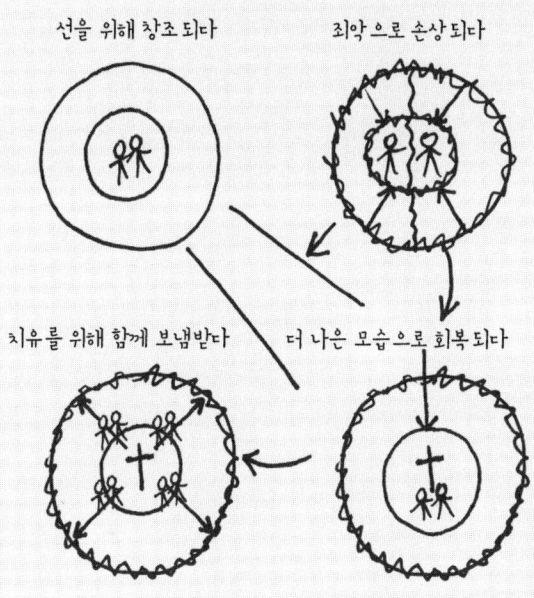

이제 한 걸음 더 나아가, 더 나은 세상을 바라는 인간의 갈망은 그런 세상이 과거에 존재했거나 앞으로 존재할 것이라는 사실을 증명해 준다고 설명합니다. 배가 고프고 목마른 현상이 음식과 물의 존재를 입증해 주듯, 더 나은 세상을 바라는 열망도 무언가 시사하는 바가 있지 않을까요? 그런 다음 우리는 세상이 '선을 위해 창조되다'라는 이야기를 꺼낼 수 있습니다.

하지만 망가진 세상이라는 배경으로 죄 문제를 이야기할 수도 있습니다. 엉망진창인 세상에 일조하지 않은 사람은 아무도 없습니다. 모든 사람에게

혐의가 있습니다. 우리가 이 세상에서 목도하는 죄의 결과들을 놓고 죄 이야기를 꺼내면, 사람들은 인간의 죄성을 더 수월하게 받아들입니다. 사랑하지 않는 것은 죄입니다. 이웃을 사랑하지 않는 것은 궁극적으로 하나님을 사랑하지 않는 것이기 때문입니다. 하지만 죄는 더 심각하고 실제적입니다. 그래서 우리에게는 구세주가 더 절실히 필요합니다.

이 다이어그램이 복음 전도에 대한 그리스도인들의 사고방식에 어떤 변화를 가져다주기 원합니까?

일회성 결단을 요구하는 전도에서 '삶의 변화를 요구하는 전도'로 바뀌길 바랍니다. 큰 이야기를 개발하면서 우리는 양자택일 즉 단순히 그리스도 안이냐 밖이냐가 아니라 모두가 경험하는 과정을 제시해 주는 다이어그램을 원했습니다.

그런가 하면 사후 세계에만 집착하지 않고 선교적인 삶을 제시해 주는 전도법을 원했습니다. 예수님은 "나를 따르라"라는 말씀 뒤에 곧바로 "내가 너희로 사람을 낚는 어부가 되게 하리라"라는 말씀을 덧붙이셨습니다. 예수님은 처음부터 제자들에게 사명을 주셨습니다. 복음 전도법에 사명이 빠진다면, 우리는 사람들에게 아주 몹쓸 짓을 하는 것입니다. 그분의 이름으로 이웃을 사랑하라는 하나님의 사명을 행치 않고도 그리스도인이 될 수 있다는 뜻을 전달할 수 있기 때문입니다. 그것은 사실이 아닙니다. 예수님에 따르면, 우리는 모두 하나님과 이웃을 내 몸처럼 사랑하라는 부르심을 받았습니다. 또 미가 선지자에 따르면, 정의를 행하고 인자를 사랑하며 겸손하게 우리 하나님과 함께 행하라는 명령을 받았습니다. 그분의 통치가 우리 안팎에 더욱 강하게 임하시게 해야 합니다.

그렇다고 해서 사후 세계가 중요하지 않다는 말은 아닙니다. 단지 그것이 전부가 아니라는 말을 하고 싶습니다. 사후 세계가 인생의 마지막 장을 장식하겠지만, 그 이전에 우리가 이 땅에서 살아내야 할 이야기가 많습니다.

도구라는 게 실용적인 것이니, 실용적인 질문도 하나 던져 보겠습니다. 이 도구가 효과가 있었습니까?
여러 해 동안 현장 테스트를 거쳤는데, 그 답은 '예스'입니다. 이 전도법을 통해 예수님을 따르기로 결단한 친구들이 생겨났습니다. 제가 좋아하는 사연을 하나 들려주겠습니다. 어떤 그리스도인 학생이 자칭 무신론자인 친구를 만났습니다. 다이어그램을 설명해 주자 무신론자 학생이 이렇게 말했다고 합니다. "그래, 이게 바로 내가 찾던 하나님이야!" 이후로 두 사람은 함께 만나 성경 공부를 시작했습니다. 회의주의자는 추구자가 되었습니다.

IVF와 월드비전, 라호야 장로교회가 공동으로 샌디에이고 지역 여덟 군데 대학에 거대한 텐트를 설치했습니다. 에이즈에 대한 경각심을 일깨우고, 영성이 어떤 역할을 할 수 있는지 알리기 위한 행사였습니다. 우리는 마지막 부분에 큰 이야기를 소개했습니다. 전통적인 복음 전도법을 택했다면 사람들은 속았다고 생각했을지도 모릅니다. 하지만 큰 이야기는 사람들이 피부로 경험하는 국제적인 사안에 잘 맞아 떨어졌습니다.

또 중요한 것은, 이 도구에 그리스도인들이 자랑스럽게 나눌 만한 메시지가 담겨 있다는 점입니다. 흔히 말하는 전도자 스타일이 아니어서 복음 전도를 꺼렸던 그리스도인들도 간단한 훈련을 받은 다음에는 이 메시지를 친구들과 낯선 사람들에게 편하게 잘 전하는 모습을 보았습니다. 그들에게 이 이야기가 진짜 기쁜 소식으로 느껴졌기 때문에 사람들에게 나눌 수 있었을 것입니다.

　이 다이어그램의 내용은 우리가 다 아는 이야기입니다. 이것이 새로운 내용이라고 한다면 저는 이단일 것입니다. 이 다이어그램은 성경을 사랑하고 제가 그 속에서 발견한 온전한 복음을 사람들에게 나누고 싶은 열망에서 비롯되었습니다. 그 내용은 옛적의 오래된 복음, 우리가 예수님과 동행하기 시작했을 때 받아들인 진리와 하나도 다를 바가 없습니다. 영적인 여정을 시작할 때부터 전체 진리를 온전히 깨달아 아는 사람은 아무도 없습니다. 하지만 날마다 더 온전하고 분명한 진리 앞으로 가까이 다가섭니다. 그리고 우리는 이 새로운 전도법이 성경에 오래도록 기록된 똑같은 복음이라는 사실을 발견할 것입니다.

옮긴이 이지혜는 연세대학교 영어영문학과를 졸업하고, IVP 편집부에서 일했다. 영국 Oxford Brookes University에서 출판을 공부하고, 현재는 프리랜서 번역 및 출판기획자로 활동 중이다. 옮긴 책으로는 「오늘 허락된 선물」, 「데이트, 그렇게 궁금하니?」, 「그리스도인의 양심 선언」(이상 IVP), 「반짝이는 날들」(청림출판), 「교회, 스타벅스에 가다」(국제제자훈련원) 등이 있다.

냅킨 전도

초판 발행_ 2009년 4월 22일
초판 9쇄_ 2024년 4월 15일

지은이_ 제임스 정
옮긴이_ 이지혜
펴낸이_ 정모세

펴낸곳_ 한국기독학생회출판부
등록번호_ 제2001-000198호(1978.6.1)
주소_ 04031 서울시 마포구 동교로 156-10
대표 전화_ (02)337-2257 팩스_ (02)337-2258
영업 전화_ (02)338-2282 팩스_ 080-915-1515
홈페이지_ http://www.ivp.co.kr 이메일_ ivp@ivp.co.kr
ISBN 978-89-328-1108-6

ⓒ 한국기독학생회출판부 2009

책값은 뒤표지에 있습니다.
무단 전재와 복제를 금합니다.